Vivir a colores

Vivir a colores

Disfruta la grandeza de las cosas simples de la vida

Tuti Furlán

HOJAS DEL SUR

Buenos Aires

www.hojasdelsur.com

Furlán, Tuti
Vivir a colores : disfruta la grandeza de las cosas simples de la vida.
1a ed. - Ciudad Autónoma de Buenos Aires : Hojas del Sur, 2013.
224 p. ; 23x15 cm.

ISBN 978-987-1882-07-6

1. Superación Personal. I. Título
CDD 158.1

Queda hecho el depósito que marca la ley 11.723.
© 2013, Hojas del Sur S.A.
Albarellos 3016, Buenos Aires - Argentina

www.hojasdelsur.com

ISBN 978-987-1882-07-6

Publicado por Editorial Hojas del Sur S.A.
Dirección editorial: Andrés Mego
Edición: Silvana Freddi • silvana@hojasdelsur.com
Diseño: Arte Hojas del Sur • arte@hojasdelsur.com / Ezequiel Cobo
Fotógrafo: Cristian Monterroso / www.cristianmonterroso.com

Esta edición se terminó de imprimir en el mes de enero de 2013.

IMPRESO EN COLOMBIA
Printed in Colombia

Dedicatoria

A Carlos, mi amor, mi apoyo incondicional, mi compañero de vida, de sueños y de risas.

A Fernanda y Belén, ¡mis mejores maestras y motivadoras!

A mis papás, el arco más sólido y amoroso para volar alto y lejos.

A mis hermanas, Gaby, Andrea y Meches, con quienes ensayé desde pequeña el *Vivir a colores*.

¡Los amo!

Agradecimientos

Agradezco a Dios por su infinito amor y su paciencia, porque sin importar cuánto nos tardemos en encontrar nuestra misión, Él nunca nos abandona en el camino y no deja de confiar en nosotros.

Y a quienes me impulsan cada día a ser mejor... eso los incluye a ustedes.

¡Gracias!

Prólogo cromático

Nunca he sido proclive a los libros motivacionales o de autoayuda. Y no por una consigna en particular. Solo es porque prefiero la ficción y el ensayo. Sin embargo, siento una fascinación misteriosa por las frases contundentes, así como por las lecturas cortas que, en momentos de encrucijada, dan luces a quienes rondan el borde del abismo. Felizmente, *Vivir a colores*, el libro de Tuti Furlán, encaja en un género híbrido que da para todos los gustos. Cualquier lector que quiera descubrir en la puesta en escena de su vida algún detalle argumental que le incomode, podrá auxiliarse para corregir su guión con la luminotecnia y el verbo de la autora, cuya experiencia como actriz la ha llevado por múltiples aspectos de la existencia, desde los más cómicos hasta los más dramáticos. Y quien busque una palmadita en la espalda para intentar de nuevo alguna travesía que se le haya negado, ya sea por carencias inexorables o por falta de decisión, hallará en estas páginas fórmulas para descifrar el laberinto.

Asimismo, habrá quienes intentarán bucear en la personalidad de Tuti Furlán y determinar cómo se mueven los arrecifes de su yo interno. Ello, porque la han visto en el teatro, la han oído en la radio o la han seguido en su trayectoria como presentadora estelar de televisión. Y al hacerlo, sabrán que su historia, como la de cada mortal, ha encarnado capítulos en alta definición, en sepia clásico, con interferencia y fallas de origen, en riguroso blanco y negro, o bien con momentos que merecen repetición en cámara lenta.

El libro está escrito de una manera sencilla, pero no simplista. Es honesto. Anfitrión sin histrionismos. Amable y maleable. Actual. Muestra y demuestra que detrás de una célebre sonrisa habita una mujer que, como tod@s, ha pedaleado en la bicicleta de la contracorriente para dejar atrás cataratas hostiles. Pinta con relatos directos lo que a diario se vuelve un dilema para el ser cotidiano. Y, sin pretensiones, sugiere una ruta por donde llegar a una puerta, ilustrando con vivencias y relatos anecdóticos que las soluciones son, más que una casualidad del destino, una opción por la que se trabaja.

Tuti Furlán es una artista "todo terreno". Así como adereza con talento la frialdad metálica de un micrófono, es capaz de llenar con su presencia escénica el tiempo y el espacio de un telón abierto. Así como armoniza voces en una canción, de manera equivalente la da sentido a una pantalla. Entre sus gracias figura una que es muy reveladora: ella se dio cuenta de su belleza muchos años más tarde; de ahí que su proyección rebase, y por mucho, la que logra una "cara bonita".

Su libro no es solo un vagón más en el tren de sus aportes. Es también una estación. El sitio donde desembarcan sus páginas personales. El andén donde suena otro silbato que anuncia paisajes nuevos y ciudades por descubrir. Lo mencioné antes: nunca he sido proclive a los libros motivacionales o de autoayuda. *Vivir a colores*, pudiendo serlo, no lo es. Pero igual motiva y ayuda a quien lo lea. Igual es reconfortante y lúcido.

Recuerdo ahora que la ficción y el ensayo, mis géneros preferidos, también precisan de sencillez, mas no de simpleza, para que

el laberinto que llevamos adentro alcance a descifrarnos el alma.
El oficio de respirar lo reclama. De eso doy fe.

Felipe Valenzuela
Guatemala, noviembre, 2012

Introducción

¡Hola!

Es un honor para mí darles la bienvenida a una partecita de mi vida. Y es que este libro es la recopilación de momentos que me han hecho detener y reflexionar sobre los acontecimientos, para poder extraer las lecciones que siempre vienen escondidas.

Creo profundamente que todo el tiempo tenemos la oportunidad de crecer y de aprender y que nunca lo dejaremos de hacer, si no queremos. También soy fiel creyente que los niños, principalmente nuestros hijos, son esos pequeños recordatorios de Dios de que la vida es mucho más simple, de que la vida es para disfrutarla, de que las cosas realmente importantes son todas esas que se nos empiezan a olvidar cuando nos colocamos el tacuche[1] de "adulto" y todos esos títulos de los que nos encanta presumir, pero que al final no nos hacen mejores personas que los demás.

Con todo cariño, les abro el libro de mis reflexiones y de algunos episodios personales de los cuales he intentado aprender. Quisiera aclararles que estas lecciones de vida que les comparto ni yo misma las he internalizado al 100%, trato de vivirlas, trato de recordarlas, trato de aplicarlas día a día... pero aún no he pasado el examen. Con esto les quiero decir que las lecciones no

---

1. Traje.

se entienden si no las aplicamos, que no se aprenden si no las vivimos una y otra vez a lo largo de nuestra vida, y que no se vuelven parte de uno si no las aplicamos y las vivimos tantas veces de manera que queden grabadas en nuestra forma de ser.

No es sencillo y, como todo proceso maravilloso de transformación, requiere tiempo, perseverancia y la firme decisión de realizarla. Al fin y al cabo soy un ser humano, común y corriente, con aciertos y desaciertos, con tropezones y levantadas, consciente de que estoy compartiendo "grado" en esta escuela de la vida y pretendo ser una buena compañera para ustedes, ¡nada más!

No existe un orden establecido de lectura, lo dejo a su sabor y antojo, pueden ir de capítulo en capítulo, pueden abrir aleatoriamente el libro y compartir la historia del día o empezar, como muchos lo hacemos con los periódicos, de atrás para adelante, realmente no importa. Podrían, incluso, tomar un capítulo a la semana para intentar aplicarlo y ver qué ocurre. La decisión es de ustedes.

Aquí está pues, mi primer libro. ¡Yeeeey! Y deseo que algún día ustedes también compartan con otros las lecciones de sus vidas, es el compromiso que recibimos como seres humanos cuando vamos creciendo en el camino. Todos tenemos mucho que dar a los demás. Recuerden que nadie es tan sabio que no pueda aprender algo ni tan ignorante que no pueda enseñar algo.

¡Disfruten!

Con todo mi amor,
Tuti

1

SE EMPIEZA CON EL PRIMER PASO

Empieza por hacer lo necesario, luego haz lo posible,
y de repente te encontrarás haciendo lo imposible.
SAN FRANCISCO DE ASÍS

Me parece que es así como todo inicia: con algo insignificante, pequeño, que no cuesta realizarlo, que cualquiera puede hacer. Así empiezo este libro, palabra a palabra.

Cuántas veces soñamos con lograr nuestras metas: escribir un libro, terminar la tesis, inscribirnos en clases de pintura, organizar una maravillosa reunión de amigos, hacer esa llamada de agradecimiento, empezar con nuestra propia empresa y mil cosas más que muy pocas personas logran concretar. ¿Por qué? Por ese bendito "primer paso" que algunos dan y otros se lo guardan por ¿miedo?, ¿pereza?, ¿falta de confianza en sí mismos y sus capacidades? Yo diría que un poco de todo.

Confesaré que este primer paso me ha costado varios meses, pero aquí estoy desentumeciendo mis músculos por la misma paralización que muchos de nosotros experimentamos cuando se trata de ponernos en marcha en pos de nuestros sueños (que, por cierto, tememos no poder llevar a cabo), ¡sin siquiera hacer el mínimo intento con esa insignificante acción de dar el primer paso! Nos frustramos antes de encontrarnos con esa serie de obstáculos que suelen surgir cuando estamos dispuestos a ir por lo que queremos.

Todos estamos llenos de dudas, de miedos, de "cosas que hacer", de "peros" y de mil razones por las cuales no podemos empezar hoy; sin darnos cuenta de que así ¡no empezaremos nunca! Tenemos cien mil excusas y motivos para decir: "No creo que funcione, mejor me quedo así, ¿para qué arriesgar lo que tengo?".

"Si tú le preguntas a una persona que ha fracasado en la vida, te dirá que el éxito es un asunto de suerte. No creas en esa excusa".[2] Pero, ¿nos hemos detenido a pensar que todas estas razones existen únicamente en nuestra mente? Son los primeros y, seguramente, los más fuertes obstáculos que encontramos en el camino hacia la realización de nuestras metas y nuestros sueños más profundos. Deseamos y no poseemos lo que tanto queremos, nos quedamos muchas veces solo en el deseo y esta emoción, con el paso del tiempo, termina frustrándonos. El escritor Henry David Thoreau dijo: "La mayoría de los hombres viven vidas de quieta desesperación".

¿Cómo luchar contra nosotros mismos? Una vez más, dando el primer paso. A veces nos sentimos abrumados por la magnitud de lo que nos hemos planteado, nos encanta soñarlo y planearlo pero llegamos a un punto en el que nosotros mismos nos

---

2. John Mason, *La Imitación es Limitación*, Editorial Caribe, 2005.

"bajamos de la nube" porque no nos creemos capaces de lograrlo, y es allí cuando truncamos cualquier indicio de llegar a dar ese tan importante primer paso.

Si realmente estamos dispuestos a darlo, démonos cuenta de que es muy sencillo y anunciémoslo, es solamente eso: una primera acción que nos permitirá colocar la piedra fundamental de la catedral de nuestra vida. Pasito a pasito avanzamos, pero seamos persistentes; para algunos será más fácil dar el siguiente paso y para otros, algunos pasos resultarán más difíciles. Igual sigamos pedaleando porque de lo contrario, nos caeremos de la bicicleta. *Sean difíciles o fáciles de conquistar, nuestros sueños siempre necesitarán de toda nuestra pasión, energía y compromiso.*

La realidad es que cuando algo no tiene ni goza del privilegio de nuestro interés y nuestra dedicación, pronto dejará de tener importancia. En cambio, cuando toda nuestra atención esté puesta en llegar a la meta, les aseguro que llegaremos y no habrá nada ni nadie que nos haga claudicar, porque en ese desafío estamos poniendo parte de nosotros mismos. Cuando nuestros sueños y nosotros seamos lo mismo, cuando los poseamos, tendremos el valor, el coraje para perseguirlos y las excusas serán simplemente eso: palabras que no encontraremos en nuestro lenguaje, ni siquiera como una opción. "Todos podemos tener sueños y seguirlos. De hecho, seguir un sueño es lo que marca la diferencia entre las personas ordinarias y las extraordinarias. Tú no cambias la persona que eres para seguir tu sueño, sino que sigues tu sueño y ese proceso cambia quien eres y lo que puedes lograr".[3]

¿Es un best seller? Escribamos la primera palabra. ¿Es un gran negocio? Hagamos la primera llamada telefónica. ¿Es una brillante vida profesional? Inscribámonos en el establecimiento que nos

---

3. John C. Maxwell, *¡Vive tu Sueño!*, Ediciones Grupo Nelson, 2009.

ayudará a lograrlo. ¿Es una gran obra de arte? Demos las primeras pincceladas. Todo gran descubrimiento, toda gran obra, todo gran negocio empezó con una pequeña acción y la diferencia la hacen quienes mantienen su meta en mente y perseveran en los siguientes pasos. Las grandes ideas no han cambiado el mundo... ¡lo han hecho quienes las ejecutan! George Eliot escribió: "Nunca es tarde para ser lo que podrías haber sido".

El mundo es de quienes creen en ellos mismos. ¿En qué grupo de personas deciden ustedes hoy estar?

2

EMPECEMOS POR AGRADECER

Es tan grande el placer que se experimenta
al encontrar un hombre agradecido que vale
la pena arriesgarse a no ser un ingrato.
SÉNECA

No es ningún secreto el poder del agradecimiento, agradecer por la vida, por el trabajo, por la familia, por los hijos, por la pareja, por las oportunidades, por nuestra casa, por nuestro automóvil y por todas las cosas, materiales o no, que tenemos. ¿Pero qué hay de las cosas que deseamos y aún no recibimos?

Muchos aseguran que agradecer incluso por aquello que no tenemos nos hace atraerlo, de alguna manera, y aunque nos cueste creerlo ¡sí funciona! ¿Por qué?

Nuestro cerebro tiene la facultad de obedecer absolutamente todo lo que le ordenamos y enfocarse disciplinadamente en ello. Lo vemos en cosas tan simples como cuando estamos en un restaurante con muchos sonidos mezclados y alguien nos llama la atención para que escuchemos la conversación de al lado, o el ruido de los cubiertos, o el murmullo en general, e incluso la música de fondo o el aire acondicionado. Si nosotros le damos la orden a nuestro cerebro de que se concentre en escucharlo mágicamente, ¡lo escucha! Nuestro cerebro tiene la capacidad de enfocarse así como de desenfocarse y bloquear lo que no le interesa. Si nos enfocamos en los cubiertos, dejamos de escuchar la música, si nos enfocamos en la conversación, dejamos de escuchar el aire acondicionado.

Ahora, ¡atención!, si nos enfocamos en nuestras carencias o en nuestras desgracias, nuestro cerebro no registrará ni se enfocará en las oportunidades, en las bendiciones, en las cosas lindas que sí tenemos, o que están por llegar y no percibimos por estar enfocados en otro lugar. Tiene su lógica, ¿no?

Agradezcamos todos los días por el amor de nuestra familia, por el trabajo y las nuevas oportunidades que siempre se nos presentan, por la casa en la que vivimos, por el carro que nos lleva a todas partes, por la salud que gozamos nosotros y nuestros afectos, por nuestros amigos, por el entusiasmo con el que hacemos las cosas, por la maravillosa relación de pareja que tenemos, porque somos valorados y nos valoramos, por la capacidad de hacer negocios, por el éxito de nuestra empresa, por la unión familiar y el tiempo que siempre nos alcanza para todo lo que hacemos, sobre todo, para aquello que es más importante. Y aunque hoy por hoy digamos: "Pero yo no hago las cosas con entusiasmo, al contrario, estoy aburrido y decepcionado de mi trabajo", recordemos que nuestro cerebro se enfocará en encontrar el entusiasmo (que siempre tenemos en algún momento del día) que podemos irradiar y que poco a poco se irá expandiendo en nuestra conciencia y será percibido con mayor claridad.

Agradecer lo que ya nos fue concedido, lo que tenemos asegurado, lo que sabemos que nos pertenece es maravilloso y se trata de una tarea sencilla. El ejercicio de la fe consiste en agradecer por lo que aún no tenemos, ya que "fe es la convicción de lo que esperamos, de aquello que no vemos en el mundo natural pero sabemos que llegará a nuestras manos sí o sí". La fe pone en marcha nucstros deseos y nuestros sueños.

....

La fe no es tratar de creer algo sin tener en cuenta la evidencia. La fe es atreverse a hacer algo sin tener en cuenta la consecuencia.[4]

....

El reto está en poner a trabajar nuestro cerebro para que este se enfoque en lo que nosotros creemos que aún no nos pertenece. Dicen que la fe mueve montañas, pero creo que es más poderosa, es capaz de mover nuestros sueños y desafiar nuestros imposibles porque para las personas que creen en su vida, en su destino, en su proyecto, todo es posible. La fe nos convierte en personas imparables. Esta frase me encanta: "La fe es fe, pase lo que pase".[5] Quizás se pregunten qué tiene de maravillosa esta frase, para mí lo tiene todo. Significa que pese a cualquier trago amargo que atravesemos, frente a los obstáculos, las dudas, las circunstancias negativas o los problemas, la fe nos mantiene vivos y nos da las fuerzas para vivir más allá de toda dificultad; la fe nos mantiene íntegros y expectantes de que una vez que hayamos atravesado la tormenta, lo que estamos esperando vendrá. Todo riesgo y todo

---

4. Frase perteneciente a *Sherwood Eddy*.
5. Frase perteneciente a *Myles Munroe*.

avance requerirán fe. "La fe hace posibles las cosas; no las hace fáciles".[6] Fe es movimiento, es acción. Fe es determinar lo que no es como si fuera. Fe es agradecimiento porque uno sabe que todo lo que se ha propuesto alcanzar vendrá a sus manos; por ese motivo, una persona de fe sabe decir: ¡GRACIAS... GRACIAS... GRACIAS!

La fe es poner todos los huevos en la canasta de Dios y luego contar las bendiciones antes de que se rompa la cáscara de cada huevo.[7]

Cuando podamos comenzar a agradecer la visión de nuestro destino y de nuestra vida, todo cambiará por completo. Ya no nos detendremos a llorar más sobre la leche derramada. Pareciera ser que los seres humanos siempre encontramos motivos para quejarnos, para estar dolidos, y dejamos de lado todas aquellas pequeñas y grandes cosas por las que podemos decir "gracias". Cuando la palabra gracias sea parte de nuestro hablar diario, comenzaremos a disfrutar por anticipado de todo lo mejor que está por venir. Cada vez que digamos "gracias", estaremos sembrando una semilla de esperanza para nosotros y nuestros afectos.

Existe un ejercicio muy interesante que consiste en lo siguiente: en cualquier momento del día, estemos haciendo lo que estemos haciendo, empecemos a decir "gracias, gracias, gracias, gracias...", cuantas veces nos quepan en un minuto. Sin siquiera pensar por qué estamos agradecidos. ¿Qué sucederá? Nuestra

---

6. Autor desconocido.
7. Frase perteneciente a *Ramona C. Carroll.*

mente inmediatamente tratará de encontrar razones por las cuales agradecer que mágicamente empezarán a surgir, y en breves segundos empezaremos a verlas desfilar por nuestra mente. Si no me creen, háganlo y después me cuentan.

¡Gracias! ¡Gracias! ¡Gracias!

3

MI PEOR ENEMIGO: "YO MISMO"

Si tú no te conquistas, tú serás conquistado por ti mismo.
NAPOLEÓN HILL

Hay personas en la vida que aparecen únicamente para dejarnos una gran lección. Y esta es una de las que procuro recordar siempre. Sus palabras literales fueron: "El mayor obstáculo en la vida para lograr tus sueños eres tú misma, ¿lo sabías?". Y eso fue suficiente para que esta idea quedara grabada en mi mente y la recordara constantemente.

Al comenzar a proyectarnos hacia adelante, nos entusiasmamos, nos llenamos de pasión; sin embargo, hay un punto en el que nos decimos: "Alto, dejemos de hacer castillos en el aire, pongamos los pies sobre la tierra y seamos realistas, la situación de la economía de nuestro país no da para nuestro proyecto". Y así es como nos llenamos la boca de dichos negativos. "No, no va a salir" o "no, no puedo hacerlo" o "no, no es el momento", y nos damos a nosotros mismos muchas razones más tratando de convencernos de por qué no conviene movernos. Y entonces, desistimos de la idea, postergamos el sueño, empezamos a ver "realistamente" la situación (según nosotros) y nos quedamos cómodamente donde estamos, sin retos, con las mismas y viejas molestias de todos los días. No nos atrevemos a salir de nuestra "zona cómoda", de la zona del confort y del letargo, donde el día y la noche, el pasado, el presente y el futuro son la misma cosa.

Así es como todos los días somos fieles a la rutina diaria. Nos levantamos, nos higienizamos, nos dirigimos hacia nuestros trabajos, cumplimos la jornada laboral, quizás vamos al gimnasio. Y luego nuevamente a casa donde nos esperan los niños, dejar todo listo para el otro día, o pegarnos al control remoto de la tele o la pantalla de la computadora. Todo tranquilo, sin sorpresas ni sobresaltos, pero tampoco habrá éxito, desafío, metas, sueños, progreso, crecimiento y felicidad.

....

Nosotros somos nuestro primer gran obstáculo y a veces el único; nos reprimimos, nos aseguramos de que no podremos, y lo peor es que nos lo creemos.

....

Si con esa misma convicción con la que le hacemos caso a nuestros "no"s, le hiciéramos caso a nuestras iniciativas, a nuestros sueños, a nuestras ideas, (convencidos de que somos capaces de lograrlo), nos sorprenderían los resultados. De eso estoy segura.

¿Cuántas veces dejamos a un lado nuestra iniciativa porque a la primera dificultad, no recibimos una respuesta favorable? Este mundo es de quienes se toman la tarea de ser persistentes, de quienes creen y saben que ellos son constructores de su vida y de sus circunstancias. De quienes no aceptan un "no" por respuesta, sino que lo interpretan como un "no es esta la forma". Se dice que Edison, el inventor de la bombilla eléctrica, tuvo que intentar más de mil veces antes de lograr el prototipo adecuado; y que cuando se lo cuestionó al respecto de sus "fracasos", él dijo: "No fallé más de mil veces... encontré más de mil pasos para inventar la bombilla".

De nada nos sirve que todo el mundo nos asegure y nos grite: "¡Lo podrás hacer!", si nosotros no movemos un dedo para hacerlo. Al fin y al cabo somos nosotros los que levantamos el teléfono para hacer esa llamada, los que decidimos inscribirnos en un curso y asistir cada semana, los que redactamos y enviamos ese correo electrónico, los que comenzamos a transitar, paso a paso, el camino de nuestra vida. Nadie puede hacer que hagamos o dejemos de hacer algo. Nadie puede hacer que pensemos o dejemos de pensar en algo o en alguien. ¡Nosotros mismos lo decidimos!

....

La primera regla para ganar es no vencerse a uno mismo.[8]

....

¿Estamos dispuestos a salir de nuestra comodidad? ¿Estamos dispuestos a llevarnos la contraria cuando saboteamos nuestros sueños con pensamientos que nos llevan a desistir y a bajar los brazos y la cabeza?

Empecemos hoy a detectar esos pensamientos que nosotros solos generamos y que nos impiden avanzar. ¿Cuál es nuestro sueño? ¿Qué nos gustaría aprender? ¿Qué experiencia quisiéramos

---

8. Frase perteneciente a *John Maxwell.*

tener? Escuchemos los pensamientos que vienen detrás de cada respuesta y decidamos si los creemos o no.

En una oportunidad, Norman Vincent Peale, el creador de la teoría del pensamiento positivo, contó que visitando Hong Kong pasó por un lugar en donde se hacían tatuajes. En la ventana de ese lugar estaban los dibujos que el artista ofrecía para tatuar en el cuerpo de las personas y para su sorpresa uno de ellos decía: "Nacido para perder". Este hombre no podía creer lo que estaba viendo por lo que decidió preguntarle al artista si existían personas que se decidían por ese tatuaje. Para su gran asombro, la respuesta fue "sí". A lo que Peale añadió: "Realmente no puedo creer que alguien en su sano juicio vaya a hacer eso". El artista dio unos golpecitos en su frente, y en el inglés que pudo usar dijo: "Antes de tatuar en el cuerpo, tatuar en la mente".[9]

·····································

Somos lo que pensamos que somos y encontramos lo que buscamos.

·····································

"El que piensa en positivo, no se niega a reconocer lo negativo, sino que se niega a permanecer en ello. El pensamiento positivo es una forma de pensar que tiene por hábito buscar los mejores resultados en las condiciones más adversas. Es posible buscar algo sobre lo que podamos construir; es posible esperar lo mejor para uno mismo, aunque todo se vea mal. Y, lo más notable, es que cuando uno busca lo bueno, muy probablemente lo encuentre".[10]

9.	Norman Vincent Peale, *The Power of the Plus Factor*, New York: Ballantine, 1996.
10.	Norman Vincent Peale, *Los Asombrosos Resultados de Pensar Positivo*, Editorial Hojas del Sur, 2011.

El conocido y exitoso escritor J. Maxwell, en uno de sus talleres acerca de cómo mirar la vida con la perspectiva correcta, usa esta ilustración:

Querida Mamá:

Puesto que me fui a la universidad, un semestre entero, creo que es tiempo de ponerte al día de lo que está pasando. Poco tiempo después de que llegué a la universidad me aburrí de la vida en la residencia de estudiantes y robé cincuenta dólares de la cartera de mi compañera de cuarto. Con el dinero, alquilé una motocicleta, la cual estrellé en contra de un poste telefónico a unas cuantas cuadras de la residencia. Me rompí la pierna en el accidente, pero me rescató el joven doctor que vive en el piso de arriba de los apartamentos de la esquina. Me llevó adentro, puso mi pierna en la posición correcta, me cuidó hasta que me recuperé, y gracias a él, estoy de pie y caminando otra vez. Queríamos decirte que nos vamos a casar lo más pronto posible. Desgraciadamente, estamos teniendo problemas con la prueba de sangre; no están seguros cuál es la enfermedad, pero sigue saliendo en las pruebas. Esperamos que se resuelva pronto para que estemos casados antes que llegue el bebé. Poco después de eso estaremos todos en casa para vivir con papá y contigo. Y sé que van a aprender a querer al bebé tanto como ustedes me aman, aunque el padre del bebé es de otra religión y quiere que nos convirtamos. Por favor entiendan, la única razón por la cual estamos regresando a casa para quedarnos es porque botaron de la escuela de medicina al que va a ser mi esposo debido a que estaba demasiado ocupado cuidándome como para completar sus tareas.

Hablando en serio, mamá, no robé ningún dinero, ni alquilé una motocicleta, ni choqué contra un poste telefónico, ni me rompí la pierna. No conocí a un joven doctor. No tengo una enfermedad y no estoy encinta. Tampoco estaré regresando a casa para vivir con papá y contigo. Sin embargo, me estoy sacando una D en álgebra y una F en geología, y ¡quería que aceptaras estas notas con la perspectiva apropiada!".[11]

No renuncien. Sydney J. Harris, periodista y escritor norteamericano, dice: "Cuando escucho a alguien decir suspirando: 'La vida es dura', siempre me tienta a preguntar: '¿Comparada con qué?'".

....

Incubar la desesperación, solo empolla tus problemas.[12]

....

Al fin y al cabo, como dije al principio, el mayor obstáculo en la vida para lograr nuestros sueños somos nosotros mismos, pero lo bueno es que aún estamos a tiempo de cambiar.

---

11.   John Maxwell, *Lo que Marca La Diferencia*, Editorial Grupo Nelson, 2006.
12.   *The Megiddo Message*, Revista bimensual inspiracional.

4

¿ME TENGO QUE DECIDIR?

Nadie que no esté dispuesto a hacer sacrificios
personales puede lograr un éxito considerable.
NAPOLEÓN HILL

He leído mucho últimamente sobre cómo ser verdaderos dueños de nuestras decisiones y, por lo tanto, de sus consecuencias (porque vaya si traen, absolutamente todas, algún resultado por ahí). Entender que somos, queramos o no, dueños de nuestras decisiones, nos ayudaría a vivir mejor y a darnos cuenta de que realmente somos dueños de nosotros mismos y de nuestra vida. Se trata de hacernos cargo…

Algunos al leer esto, al igual que me pasó a mí, pensarán: "Pero hay cosas que verdaderamente no tienen opción. Por ejemplo, DEBO ir a trabajar todos los días, no tengo alternativa. Si no, no podría darles de comer a mis hijos." ¿Lo pensaron? Yo también lo hice en su momento. Luego surgió la idea de que siempre tenemos alternativas, solo que sus consecuencias tal vez no nos gusten o no nos interesen: "Si decido no ir a trabajar hoy, puede ser que no pase nada o que me despidan de una vez". Una decisión: *no voy a trabajar*, dos consecuencias (por nombrar algunas): *no pasa nada* o *me despiden*. Cada una con otra serie de consecuencias y derivaciones de estas que siempre nos dejan más oportunidades de DECIDIR. Sí, si decidimos no ir a trabajar, posiblemente no les podamos dar de comer a nuestros hijos. ¿Nos gustará esta consecuencia? ¡Seguramente no!, ¿verdad? Entonces, ¿qué decidimos? Ir a trabajar, ¡claro! Pero no es una obligación, obsérvenlo bien, es una decisión. Porque siempre tendremos la opción de no hacerlo.

....

Todo me es lícito, pero no todo me conviene.

....

¿Qué lío el que escribí, verdad? Me he entregado a la tarea de ser consciente de las muchas decisiones que tengo a diario para vivir. Desde algo intrascendente como esperar cinco minutos más para levantarme de la cama (que se pueden convertir en veinte) hasta algo con mucho más peso como decidir salir a trabajar porque es la mejor manera que tengo hoy de ganar un sueldo y aportar en mi familia; y hasta me permito complementarlo con decidir hacerlo de buena gana y adelantar con todas las tareas que tenga para volver rápido a casa y disfrutar de los míos.

Nadie, absolutamente nadie nos maneja como marionetas para que hagamos las cosas en nuestra vida: trabajar, estudiar, comer, movilizarnos, tolerar aquello que no nos gusta, ser felices, etc. ¡Qué bueno que es poder gozar de la libertad! Lo que sucede es que es mucho más fácil ser víctimas de todo lo de afuera y decir: "No tengo opción", "me veo obligado a...", "si no lo hago yo mismo...", "tengo que hacerlo" y mil cosas más.

Incluso el tener una actitud de esclavo, donde es el otro el que decide por nosotros y si sale mal, al igual que Pilato, nos lavamos las manos porque fue alguien más quien tomó la decisión, pareciera ser una opción mucho más fácil, más cómoda, sin compromisos ni riesgos; pero mucho mejor es deleitarse saboreando el éxito que nosotros mismos logramos. Además, una vez más, lo que estamos haciendo es decidir ser víctimas y eso acaba cuando nosotros decidimos hacerlo.

Ben Sweetland, escritor y psicólogo, escribió: "El éxito es un trayecto, no un destino". *El éxito es una forma de vida que adoptarás para el resto de tus días. Consiste en descubrir tu propósito supremo y en perseguirlo con todo lo que tengas y con todo lo que hagas.*[13] Una vez le preguntaron a Bush por qué tenía tanto éxito y respondió que sus padres siempre le decían: "Hijo te queremos sin importar que triunfes o fracases, y el amor incondicional me dio tanta libertad que me di la oportunidad de atreverme a triunfar".

....

Cuando nos damos permiso para fallar, al mismo tiempo nos estamos dando permiso para superarnos.[14]

....

Los invito a probar, un solo día, el ser conscientes de sus decisiones y hacerlas suyas al 100%, aunque les parezcan imposiciones, como tener que ir a trabajar. No "tenemos que", simplemente decidimos hacerlo porque quizás las consecuencias de no hacerlo

---

13. Sharon L. Lechter y Greg S. Reid, *Nunca te Des por Vencido*, Editorial Grijalbo, 2010.

14. Frase perteneciente a *Eloise Ristad* (Musicóloga).

podrían traernos algo que no deseamos experimentar. Entonces, ¡estamos decidiendo!

Y si en la búsqueda de la mejor decisión nos equivocamos, no importa. Solo el que nunca se arriesga, el que nunca hace nada es quien no se equivoca. Les Brown, dijo: "Trata de alcanzar la luna; aun si no lo logras vas a estar entre las estrellas". Los resultados que obtengamos, sean buenos o no, dependerán directamente de nosotros. Nuestra vida depende un 100% de nosotros, y el éxito de lo que seamos capaces o no de construir. El escritor Ernie Zelinski escribió: "¡La oportunidad llama a tu puerta con frecuencia! Y la cuestión es: ¿con cuánta frecuencia estamos nosotros en casa?".

Cuando no queremos hacer algo, preguntémonos: ¿qué pasa si no lo hago? Y si la consecuencia no nos gusta, entonces ¡DECIDAMOS hacerlo, pero decidamos hacerlo bien! Hagamos todo con excelencia, la mediocridad, la tibieza no nos conducen a ningún lado. "No es lo mismo estar interesado que estar comprometido".[15]

---

15.   Idem 13.

5

ESTAMOS HECHAS PARA AGUANTAR

Todas las batallas en la vida sirven para enseñarnos
algo, incluso aquellas que perdemos.
PAULO COELHO

Escribo esto apenas unos cuantos días después de que nació mi segunda bebé. Y si bien el comentario va específicamente para un proceso exclusivamente femenino, no dudo que pueda aplicarse también a los caballeros.

Es increíble cómo, a pesar de que duerme casi todo el día, este puede ser un trabajo tan agotador. Pero el trabajo no empezó cuando nació. Lo último antes de tener a la bebé fue un período muy agotador, estresante y, sobre todo, doloroso.

Quiero contarles que, de antemano, ya sabía que mi bebé tendría que nacer por cesárea, sin embargo y con el consentimiento de mi doctor, le pedí llegar hasta el día en que empezara mi labor de parto para que fuera "lo más natural posible". Así lo hicimos. Domingo 11 de la noche, vino la primera contracción "de las de verdad": un poco más larga, profunda y dolorosa. El momento de sacar el reloj y empezar a contarlas daba inicio. Cada media hora. Llamada al doctor, apenas estábamos empezando.

–Cuando usted quiera Tuti –me dijo muy tranquilo.

–Esperemos un poco más, este proceso es largo y creo poder llegar hasta la mañana –respondí confiada.

Para no hacer muy largo el relato, fue una noche dura: despertarme cada 30, 20, 15 y hasta 10 minutos en las siguientes 6 horas (no precisamente con caricias), despertar a mi esposo con cada apretón (casi estrangulamiento) de brazo con cada una de las contracciones. Respirar lo más tranquila que pudiera, aunque sentía que esos 45 segundos eran eternos. Y cuando pasaban, respirar profundo y tratar de volver a dormir en espera de la siguiente. Para darnos ánimos entre contracción y contracción, nos dábamos un beso con Carlos, quien me decía: "Mi amor, ¡ánimo! ¡Ya viene Belén!". Y eso parecía funcionar.

En esos momentos no lo pensé así. Pero hoy quise darme un momento (entre una siesta deliciosa de mi bebé) para escribir mi admiración por lo TOPADAS[16] que somos. ¡Estamos hechas para aguantar! Aunque creamos que no es así, aunque pensemos que no tendremos las fuerzas para hacerlo, aunque se desconozca de dónde sale la energía y la resistencia para continuar y pasar al siguiente punto: ¡estamos hechas para aguantar! Y cuando se me viene esa frase a la mente, estoy segura de que lo podemos aplicar, tanto mujeres como hombres, a casi todas las situaciones de la vida: nuestra carrera, nuestros sueños, los obstáculos, incluso

---

16. Modismo guatemalteco sinónimo de valientes.

situaciones que nos causan conflicto y dolor. **¡OJO!** (Y lo pongo así, con negritas y mayúsculas) porque con esto no quiero decir que *debemos* aguantarlo todo, ¡no!

La reflexión que quiero compartir con ustedes es que nosotros podemos *elegir* aquello que queremos aguantar y superarlo todo. Cuando estemos padeciendo algún tipo de dolor, tanto físico (como el caso de tener un bebé o padecer una enfermedad), pero sobre todo emocional, preguntémonos si el fin por el que estamos aguantando vale la pena. Cuestionémonos si lo que estamos viviendo en este momento y nos está desgastando, nos hace mejores seres humanos, más fuertes, más seguros, más decididos, o simplemente nos está robando la energía que podemos poner en otro proyecto, en otras personas.

Muchas veces aguantamos situaciones en la vida por las razones equivocadas: por temor, por no creer en nosotros mismos, en nuestro valor, en lo que merecemos, en lo que podemos hacer y en lo que somos. Permanecemos meses o años en relaciones laborales, sentimentales o sociales que nos destruyen, que son negativas y no nos llevan a ningún lado, manteniendo una dependencia que solo favorece a aquellos que nos manipulan y nos maltratan, para obtener algún beneficio de aquello que toleramos. Y aun siendo conscientes de eso, del maltrato verbal, emocional, y mucha veces físico también, paradójicamente ¡igual aguantamos! Ilógico, ¿verdad?

Propongo que, de ahora en adelante, elijamos mejor nuestras batallas, porque de todas maneras, tenemos la capacidad de aguantar. Así que no nos desgastemos sosteniendo situaciones que erosionan nuestra autoestima, que nos hacen sentir poca cosa, que solo nos envuelven en juegos emocionales y relaciones dañinas que terminan destruyendo nuestra imagen y el valor que tenemos por nuestra propia vida. Mejor enfoquémonos en las cosas que nos traerán satisfacción, que nos harán más grandes y fuertes, que suman a nuestra vida y a la de los demás... y allí sí: ¡aguantemos!, seamos perseverantes en aquello que sabemos que nos traerá fruto, ganancia. Elijamos dónde sembrar, decidamos por la buena tierra, no perdamos el tiempo con aquellos que nos prometen el oro y el moro pero vemos que en sus propias vidas no tienen ningún resultado. Los espinos por más que queramos cambiarlos siempre tendrán espinas y lo que sembremos en ellos, raramente podrá crecer.

....

Elijamos por qué cosas vamos a pelear.

....

Yo ya tengo a mi bebé en brazos, y les puedo decir que valió la pena. Ahora tocan los desvelos, las tensiones de lidiar con las dos gordas, el cansancio doble, los sacrificios de muchas cosas, más cambios de vida y de tiempos. Pero yo sé que todo esto es edificante, que todo esto está construyendo las bases de la vida de mis hijas y me sigue esculpiendo la voluntad y la fortaleza. En conclusión, sé que aguantar esto me hace mejor persona y me trae muchísimas satisfacciones. Y aguantar en este caso se vuelve, entonces, una entrega amorosa y ¡un placer!

Hombres y mujeres, por igual, estamos hechos para aguantar... Procuremos que lo que aguantemos ¡valga la pena!

6

LA LECCIÓN DE LA PACIENCIA

La paciencia es un árbol de raíz amarga
pero de frutos muy dulces.

PROVERBIO PERSA

Ya pasó un mes de haber tenido a mi bebé. Es increíble cómo se desprenden mil pensamientos, mil reflexiones, mil conclusiones, pero sobre todo mil millones de SENTIMIENTOS.

Como si las hormonas se hubieran puesto de acuerdo y confabularan perfectamente con todo lo que ocurre. Asumo que es una mezcla de cansancio, desvelos, alteraciones del puerperio (qué palabra rara pero, créanme, existe), una hija de 2 años, situaciones por resolver que todos tenemos (el banco, las cuentas, el supermercado, la limpieza, el almuerzo, etc.), sumado todo esto al deseo profundo de hacer todo de la mejor manera. ¿Cómo permitirnos equivocarnos si somos las "personas orquestas" que todo tenemos que hacerlo bien? Sin embargo, hay un momento en el día en el que quisiéramos decir: "¡Basta ya!".

He de reconocer que estos últimos tres días han sido particularmente difíciles, no podría explicar exactamente por qué, pero sé que he estado un poco irritable.

Como si tuviera listo el fósforo solo para que pase alguien rozándolo. ¿Les ha pasado? Afortunadamente no es mecha de canchinflín[17] o, peor aún, de cohetillo... Creo que he logrado mantenerlo en fosforazo, es decir: así como se enciende, procuro apagarlo rápido. El asunto es que ¡hasta yo me desconozco en esos momentos! De ser una mujer apacible, una madre protectora, alguien que está en todos los detalles y quiere contener a todo el mundo (como la estatua de Atlas que sostiene a todos), me convierto en unos pocos segundos en un ser iracundo que tiene el gran deseo de que nadie más le pida nada porque sabe que al menor pedido, ¡estalla! Si tuviera que escribir una obra que describiera mis emociones en ese momento, la llamaría: *Tuti al borde de un ataque de nervios*.

Quiero compartir este sentimiento y cómo lo he logrado manejar, porque si bien yo hablo desde mi papel de mamá, sé que todos lo podemos aplicar en nuestra vida a una u otra situación. ¿No les parece maravilloso cómo todo lo podemos aplicar en diferentes facetas o circunstancias? Pues allí va...

En uno de esos "fosforazos" donde además, debo confesar, me frustraba verme después del episodio a mí misma y preguntarme: "¿Qué me pasó?", intenté tranquilizarme un poco y recordar que soy YO quien pone los límites, que soy YO quien puede controlar la situación y que soy YO la adulta que quiere que esa situación

---

17. Fuego artificial, similar a un cohetillo que genera un ruido como un silbido.

sea más fácil de manejar. Pero qué difícil cuando soy YO la que ¡pierde los estribos!

Enfocarme en el momento: una cosa a la vez. No es mi hija que llora porque quiere comer, no es mi otra hija que insiste con que quiere ver otra caricatura, no es mi celular que suena insistentemente, no es la alarma del calentador que me recuerda que ya es hora de bañar a la bebé, no es el reloj que marca las 7 de la noche, hora en que todo lo anterior debería estar hecho. No es todo esto al mismo tiempo, SOY YO.

Respiré profundo e intenté tranquilizarme. Nadie tiene por qué pagar mis histerias y mi falta de control sobre una situación, mucho menos si son los seres que más amo. Ellas no lo están haciendo para hacerme perder los estribos, ni la alarma, ni el celular, ni el reloj, ni mis pendientes tampoco. Soy YO quien se aturde y mezcla todo en la cabeza y deja que eso gaste mi paciencia. Nada es a propósito, simplemente todo coincidió.

¿Sabes qué me ayudó? Pensar: "Bueno, de este momento me estaré riendo mañana, lo estaré contando en unos días y ya habrá pasado. Todo pasa, absolutamente todo, y esto también pasará". Cuando respiro profundo, la sensación de desesperación empieza a desvanecerse poco a poco.

¿Cuántas veces perdemos la paciencia porque las cosas no salen como nosotros queremos, en el tiempo que esperamos? ¿Cuántas veces hemos herido a alguien, rematado con quien no tenía ni la culpa ni, mucho menos, la intención de alterarnos? ¿Cuántas veces dejamos que ese fosforazo encienda la mecha y nos sorprendemos de lo que somos capaces de hacer o decir?

Sé que este es un ejemplo que puede resultar muy simple comparado con otras situaciones de la vida más críticas, pero incluso en esas, creo que podemos aplicar el separarnos un segundo de nosotros mismos, darnos cuenta de que nada sucede con la finalidad de "sacarnos de nuestras casillas" sino que somos nosotros los que permitimos que otras cosas, personas o circunstancias tomen poder de nuestro humor, de nuestra paciencia y de nuestro propio ser. Es aquí donde entra en juego eso que llamamos el dominio propio, el control, la voluntad de elegir cómo reaccionar frente a cada hecho, de ponernos un freno y de volver a enfocarnos en nuestras prioridades. El novelista alemán, Hermann Hesse escribió: *Cuando alguien que de verdad necesita algo lo encuentra, no es la casualidad quien se lo procura, sino él mismo. Su propio deseo y su propia necesidad le conducen a ello.*

El mundo no es un complot en contra de nosotros, dejemos de percibirlo como tal. De lo contrario, seguiremos reaccionando con ira y a la defensiva, lo cual, a la larga, a las únicas personas que afecta es a nosotros mismos. Somos nosotros los que decidimos a cada instante cómo vamos a sentirnos, si vamos a llorar, si vamos a reír, si vamos a aplaudir o si vamos a gritar. Nosotros elegimos y decidimos cómo sentirnos. Y de acuerdo a cómo elijamos reaccionar será el resto de nuestro día. Frente a un mismo hecho podemos reaccionar con un nudo en la boca del estómago o pensar que para cada problema hay más de una solución; enojarnos hasta tal punto que nos salga una úlcera en el estómago o pensar que nada vale tanto la pena como para que perdamos nuestra salud.

Nuestra vida, gracias a Dios, depende de ustedes y de mí, de cómo elijamos y decidamos sentirnos cada día. Nosotros decidimos vivir amargados o vivir felices, nosotros decidimos preocuparnos por todo u ocuparnos de lo que verdaderamente importa.

Entonces, a respirar señores, a ser pacientes… ¡y luego me cuentan!

7

LO MÁS FRUSTRANTE

Cuando las expectativas de uno son reducidas a
cero, uno realmente aprecia todo lo que sí tiene.
STEPHEN HAWKING

Si los que nos frustramos somos nosotros, ¿por qué rematamos con los demás? Esta frase me vino a la mente cuando pasé por uno de esos momentos en los que nos detenemos de repente y nos decimos: "¡Uhhhhh! ¿Qué me pasó?". Pareciera que un huracán se levantó de golpe y arrasó con todo lo que encontró a su alcance. No podemos definir con exactitud si lo que nos saca de nuestros cabales son los problemas, la pareja, la suegra, la familia, el trabajo o la vida misma que se nos escapa de las manos. Lo cierto es que estamos listos para gritar bien fuerte un ¡SOS! Esos tiempos en los que pensamos que todo está fuera de nuestro control, nos sentimos desbordados y allí está golpeando nuestras emociones la bendita frustración...

Creo que lo importante de cada vivencia que tenemos (sea como mamá, papá, trabajador, hermano, novia, esposo, tía, desconocido, en fin, como ser humano) es que ellas, maravillosamente, siempre nos dejan lecciones que podemos aplicar luego en diferentes situaciones, juguemos el rol que juguemos.

Con mi rol de mamá más a flor de piel que nunca, trato de sacar todas las lecciones que mis dos hijas me dan constantemente, y me atrevería a decir que son tal vez las lecciones más significativas de aprender. ¡Hablemos de frustración, pues!

Mi hija mayor está en una edad en la que logra pequeñas grandes cosas cada día: un rompecabezas, saltar de las gradas, subir un cierre y muchas más de esas grandes proezas de la vida. Seguro que ustedes me entienden. Como papás nos entusiasmamos y vemos cómo de a poquito se vuelven más y más independientes y cómo nosotros nos convertimos en "espectadores". Eso es emocionante. Sin embargo, me atrevería a decir que la gran mayoría de nosotros empezamos a comer ansias y a querer que hagan cosas un poco más adelantadas a su edad, o que lo aprendan más rápido, o que desarrollen tal o cual habilidad de una mejor manera: nuestras expectativas (y permítanme que lo subraye). Me he encontrado en el consultorio del pediatra escuchando conversar a las mamás sobre a qué edad cada bebé hizo tal o cual cosa. "¿A qué tiempo el tuyo comenzó a gatear?, ¿y a comer solito?, ¿y a hablar?, ¿ya dejó los pañales?". Cada una de ellas con ansias de poder decir que el suyo lo hizo mucho antes que los demás bebés.

¿Cuántas veces depositamos cientos de expectativas sobre nuestros hijos, nuestra pareja, nuestros padres, nuestro jefe, nuestros compañeros de trabajo? Y lo repito una vez más: nuestras expectativas. Lo gracioso es que muchas veces ni se las compartimos, ellos ni se enteran de que nosotros esperábamos algo y terminamos enojándonos por lo que ellos no hicieron o no lograron hacer (según nuestras expectativas). Pensamos: "Si me conoce, ¿cómo no se va a dar cuenta de lo que estoy necesitando?". Pero en realidad, la persona que recibe es aquella que se anima a hablar, a pedir. Los otros no son adivinos ni tampoco pueden interpretar nuestros silencios.

Ejemplo clásico: mi esposo me dijo que vendría a casa temprano, por lo que yo armé mi historia romántica de que en cuanto viniera nos podríamos escapar al cine, luego a cenar y en la noche regresar a casa y a lo mejor quedarnos conversando un rato. Mi esposo regresó un poco más tarde de lo que dijo, así que la función de las 5 ya no la alcanzaríamos ni en broma y, según mis expectativas, todo el plan se echó a perder. De manera que lo recibí con un hermoso puchero y una indiferencia congelante. ¿Qué tal? El pobre ni se enteró de mis planes pero como yo me sentía frustrada, rematé con él.

Va otro ejemplo: mi hija todavía está terminando de pulir su habilidad con los cubiertos (sobre todo con la sopa, ¡ay, bendita sopa!) así que cada vez que se ensucia, siento que me hierve la cabeza porque veo su linda blusita rosada con toda una nueva decoración de sopa de espinacas, y me enojo con ella. ¿Por qué? Porque no cumplió mis expectativas.

Creo que es tiempo de pensar si cuando nos enojamos con alguien, sea quien sea, nos estamos enojando realmente con la persona correcta. Detengámonos un momento en nuestro enojo y nuestra frustración y seamos conscientes de si tenemos o no razón para enojarnos.

Muchas veces creemos que si nos enojamos, si matamos a alguien con nuestra indiferencia, esa persona interpretará el mensaje que queremos darle: que nos lastimó, que no se percató de lo que nos estaba pasando y que ahora queremos que pague por su error y por su falta de contención.

Tal parece que nos sentimos mucho mejor si hacemos sentir mal al otro. ¿Qué duro verdad? Como si no quisiéramos ser los únicos que se sienten mal por lo que no se logró, según nuestras expectativas. (Les pido que lean otra vez este párrafo con mayor detenimiento, por favor ¡háganlo!).

No es un cambio de la noche a la mañana, pero les aseguro que estoy un poco más alerta para encontrarme cara a cara con mis expectativas y ser consciente de que son mías. Si puedo compartirlas para que se cumplan, maravilloso. Y si no se cumplen, no es que el mundo esté elaborando un complot en contra de mi felicidad. ¡No! Y no es el mundo ni las personas que más amo quienes deben pagar por mis frustraciones. Solo son mis expectativas y nadie vino a este mundo a satisfacer mis deseos, soy yo quien debe encargarse de ser feliz y ponerle pasión a mi vida. Por eso les repito la frase del comienzo: "Si los que nos frustramos somos nosotros, ¿por qué rematamos con los demás?".

Hay muchas cosas que pueden atraer nuestra vista, pero hay pocas que pueden atraer nuestro corazón. Son estas las que intento perseguir.[18]

---

18.   Frase de *Tim Redmond*.

8

TIEMPO AL TIEMPO

El problema con vivir la vida apurado, es que
se llega al otro lado demasiado pronto.
J. MASON

Estamos tan apresurados en crecer, en que sucedan las cosas, en que pase eso que tanto esperamos, que se nos olvida vivir el trayecto. Y no solo eso, sino que además se nos olvida que, queramos o no, sucederán en su momento. Todo tiene su tiempo en esta vida y suelen decir los expertos que todo llega en su justo momento.

Sin embargo, nuestra ansiedad y el estrés diario nos hacen pensar que todo tiene que ser para ahora o para ayer. Esperamos que nuestros hijos caminen rápido, que coman o que vayan al baño solos, que hablen bien y mil cosas más. Cosas que, tarde o temprano, igual sucederán pero a su debido tiempo. ¡Qué difícil es darle tiempo al tiempo!

Comenzamos una dieta y a la primera semana ya queremos

bajar cinco kilos de golpe. Conocemos a alguien, empezamos a salir y nuestra mente automáticamente piensa en el momento en el que nos diga que nos ama y que quiere pasar el resto de su vida con nosotros. Arrancamos con nuestra empresa, o con alguna idea de negocios que tengamos, y a los dos días ya estamos frustrados porque no funciona como esperábamos o lo habíamos planeado y entonces "tiramos la toalla".

Ahora pregunto, ¿en cuánto tiempo esperamos que se realicen nuestros planes? ¿Con cuánto esfuerzo? ¿Estamos dispuestos a corregir cosas en el camino e incluso a comenzar de nuevo? ¿Somos realmente conscientes, cada vez que iniciamos algo, de que tenemos que darle tiempo al tiempo? ¿O preferimos ni siquiera iniciar algo porque requiere demasiado tiempo?

Se acaba una relación (cualquiera que sea y por el motivo que sea) y queremos desesperadamente estar bien al día siguiente de la separación, aparentar que nada ha sucedido y que ya lo hemos superado. No permitimos que las cosas sucedan con sus propios tiempos, sus cambios, sus dolores, sus alegrías. ¡Detestamos esperar y atravesar los procesos, desconociendo que sin ellos no hay suceso!

Buscamos lo que es de "cocción rápida" en la vida y por mucho que nos cueste aceptarlo, amigos, así no funciona la cosa. Y cuando lo escribo, créanme, también me lo estoy diciendo a mí misma. Todos cometemos ese gran error de esperar todo para ahora, de querer ver resultados ya, incluso que los procesos ocurran en un abrir y cerrar de ojos. Por eso es que no toleramos enfermarnos (ni siquiera un resfriado) porque ¿cómo vamos a perder tiempo en tomar medicación para ponernos bien? Olvidamos así que todo lleva una secuencia y un ritmo. Qué desagradable sería una melodía si al iniciar las primeras notas, se apuraran todas a salir al unísono y finalizara rápido, sería un ruido más que una melodía. Tyron Edwards dijo: "Ten un tiempo y un lugar para cada cosa, y haz cada cosa en su tiempo y su lugar, y no solo vas a alcanzar más logros, sino que vas a tener más tiempo libre que los que siempre se están apurando".

Intento recordar este principio cada vez que puedo, e incluso anticiparme a las situaciones. Cada vez que duermo a mi hija y le cuesta un poco conciliar el sueño, en lugar de molestarme y regañarla porque se pone a cantar en lugar de cerrar sus ojos y tratar de dormir, elijo respirar profundo y recordar que tarde o temprano se dormirá. Y cuando menos lo espero, ya se durmió pero en el "mientras tanto" disfruto ese momento y ese tiempo con ella, sabiendo que crecerá y que luego preferirá estar sola en su cuarto o con sus amigas. *Todo aquello que vale la pena requiere nuestra atención y nuestra paciencia.*

Si nos proyectáramos para vivir nuestra vida en el ritmo que nos corresponde, paso a paso, dándonos el tiempo que merecemos para crecer, para emprender, para disfrutar, para llorar, viviríamos cada momento con mayor intensidad porque no nos enfocamos en el final sino en el trayecto.

....

No hay atajos que lleven a un lugar al que valga la pena ir.[19]

....

Si en estos momentos tenemos entre manos algún proyecto que está naciendo o creciendo, recordemos que es necesario que respetemos su tiempo. Cuando hacemos esto, mágicamente el tiempo ¡VUELA!

---

19.   Frase de *Beverly Sills.*

9

LO QUE NO DECIMOS

La capacidad de comunicarse con otro ser
humano, cliente, empleado, jefe, esposa o hijo,
constituye la base del éxito personal.
ROBERT KIYOSAKI

Me parece increíble la manera en que diariamente nos comunicamos. ¡Cada vez peor! Nos vivimos quejando que las cosas no salen como queremos, pero nuestro mensaje por lo general es confuso. Pretendemos que el otro adivine lo que queremos, aquello que estamos necesitando. Alegamos que nuestra pareja no nos entiende, pero no sabemos cómo comunicarle qué es lo que deseamos. Pareciera ser que siempre nos falta algo para ser feliz. Queremos que nos digan que nos aman, que somos las personas más importantes del mundo, pero a nosotros nos cuesta mucho poner en palabras nuestros sentimientos.

Nos enojamos porque un hijo no nos viene a ver la cantidad

de veces que queremos, pero no le decimos en verdad lo que sentimos, y cuando nos pregunta: "¿Mamá, estás enojada?", le decimos que no pero luego en las reuniones sacamos a relucir la queja: "Ay, con lo poco que me llamas y me vienes a visitar, ni me entero de tus cosas"; en lugar de decirle directamente: "Me encantaría que me llamaras más seguido, yo también lo haré porque me encanta saber de ti".

Por alguna razón a alguien se le ocurrió que era romántico adivinar los pensamientos de los demás y "quedar bien" haciendo exactamente lo que la otra persona espera que hagamos, solamente porque lo pensó. Como si tuviéramos una conexión inalámbrica hacia los pensamientos-sentimientos de los otros, como si no tuviéramos suficiente con cargar, entender y seguir los nuestros propios, ¿no lo creen?

Yo sería la primera en apuntarme para que a todos nos sucediera eso que le pasó a Mel Gibson en la película "Lo que ellas quieren" (o "What women want"): poder escuchar los pensamientos de los demás para no tener que quedar mal nunca, evitar malos entendidos, pleitos y que a mí también me entiendan, que adivinen lo que espero, mis planes, mis sentimientos y así ahorrarme la frustración de que las cosas no salgan exactamente como me gustaría.

Pero en vista de que eso no va a suceder, al menos no pronto, creo que debemos aprender a aceptar que una buena parte de nuestras inconformidades con las situaciones, personas, relaciones, etc., no es por lo que decimos ¡sino por lo que NO decimos!, aquello que callamos por miedo a que nos rechacen, a que nuestra idea sea desestimada, a que nos digan un "no" cuando estamos esperando un sí rotundo. Describan ustedes los miedos por los que no hablan a tiempo y prefieren callar...

Me enojo porque espero que, por cortesía, mientras estoy

cargando a la bebé, distrayendo a la otra niña y calentando la cena, a mi esposo se le ocurra decirme: "¿Con qué te ayudo?", ¡pero nunca se lo he dicho y en el momento tampoco lo pido! O estoy molesta porque quien me ayuda en la casa no tiene mi misma lógica y no ordena o guarda las cosas como yo lo haría y como yo quiero que queden, ¡pero tampoco se lo he dicho y no le he enseñado dónde ni cómo quiero que lo haga! Y así podría poner más ejemplos de lo mucho que pretendemos que los demás hagan por nosotros, simplemente adivinando nuestra mente con una clase de poder parapsicológico. Pero la realidad es que esto no sucede. Preferimos pasar el día refunfuñando por dentro de todo lo que no nos consideran ni nos entienden en lugar de establecer una comunicación clara y sencilla. ¡Pobre de nosotros!

Uno de mis grandes ejercicios desde hace unos cuantos años ha sido justamente este, el no asumir que la gente sabrá *qué, cómo, dónde, cuándo y de qué forma* quiero las cosas. ¡Y vaya si me ha costado! Sobre todo, porque tenemos esa pésima creencia de que si decimos las cosas podemos herir susceptibilidades, que podría ser cierto si no sabemos cómo decirlo. Sin embargo, tengamos en cuenta que muchas veces el "cómo" decimos las cosas es tan importante como aquello que vamos a decir. De ello dependerá la receptividad que tenga nuestro mensaje.

En 1961, dos psicólogos realizaron un estudio sobre ímpetu verbal y descubrieron que existen ocho emociones que juegan un papel importante en nuestra forma de decir las cosas. Estas emociones son las siguientes:

* *afecto*
* *ira*
* *aburrimiento*
* *alegría*

* *impaciencia*
* *regocijo*
* *tristeza*
* *satisfacción*

Después de todo, cómo decimos lo que decimos constituye el 38% de nuestra comunicación.[20]

Dicen que nos contratan por capacidad pero nos despiden por carácter. ¿Les ha pasado conocer a alguien de otro país y ver cómo ellos suelen ser mucho más directos y claros en lo que piden y dicen? Así deberíamos aprender a comunicarnos. Si no somos claros en lo que queremos transmitir evitaremos, el "te dije", "me dijo", "no me dijo", "no fuiste claro", "no comprendiste exactamente lo que quise decir...".

Pero también está la contraparte: aprender a escuchar. ¡Qué bueno este punto! Nos tomamos todo de una forma tan personal, somos tan pero tan sensibles, que precisamente por eso es que los demás dejan de comunicarse y nosotros dejamos de comunicarnos con los demás, y este es el cuento de nunca acabar. Si alguien nos hace una observación (en el trabajo, por ejemplo) creemos que está en nuestra contra y sus palabras las tomamos como un tema personal, "no le caigo bien", "estoy segura de que no me tolera".

Comencemos por nosotros: aquellos mensajes que recibimos, intentemos entenderlos tal cual nos los dicen. "Le faltó sal a la sopa" no quiere decir "eres una pésima cocinera, nunca haces bien las cosas"; solo quiere decir que le faltó sal a la sopa. Y si nos dicen: "Ahorita no puedo hablar" no quiere decir "ya no te

---

20. Peter Thomson, *Los Secretos de la Comunicación*, Editorial Granica, 2008.

quiero, deja de llamarme, no quiero saber nada de ti"; solamente quiere decir que en ese momento no puede hablar.

En primer lugar, dejemos de interpretar las "ocultas intenciones de los demás" y en segundo lugar, comuniquémonos de una manera más directa, más honesta y más abierta. Leí que el hombre moderno es capaz de comunicar ideas con un vocabulario de aproximadamente 4.000 palabras. Imagínense todas las palabras que tenemos para elegir expresar lo que queremos. *Recuerda que uno nunca tiene una segunda oportunidad para dar la primera impresión.[21]*

Sugiero que empecemos a ponerlo en práctica con los seres más cercanos, contémosles que vamos a comenzar a comunicarnos de una forma diferente y que por favor no se tomen las cosas de forma personal, así estarán advertidos y a lo mejor podrán unirse a esta forma mucho más sencilla y exitosa de comunicarnos. Hagamos el esfuerzo para lograr la apertura de escucharnos en el otro y de generar al mismo tiempo que quien nos escucha tenga ganas e interés de hacerlo. ¿Han escuchado decir: "Cómo me gusta conversar con esta persona, es tan inteligente"? ¿O decir: "Me quedaría horas hablando contigo, es un placer escucharte"?

Por cierto, al comienzo, no será tan sencillo, sobre todo, cuando estamos acostumbrados por tantos años a comunicarnos tan mal; pero ¡vale la pena intentarlo! ¿No les parece?

---

21. Idem 20.

10

¡QUE VIVAN LAS LLANTITAS!

*Amarse a uno mismo es el principio de
una historia de amor eterna.*
OSCAR WILDE

*Ser nosotros mismos es más fácil, pretender ser lo que no somos nos
llevará a fallar siempre.* Hace un tiempo estuve en contacto con
un recuerdo muy valioso para mí que me enseñó sobremanera
a aceptarme tal cual soy, a soltar un poquito esos complejos que
tanto nos atan y no nos permiten ser libres y auténticos. También
en esa misma época encontré esta frase que decidí compartir con
ustedes porque sé que de alguna manera tienen una gran relación.

¿De qué estoy hablando? ¡De aceptar que ser uno mismo tiene
su encanto! ¿Por qué? Pues muy fácil, porque "la comodidad de
otros se vuelve nuestra comodidad". Sigo enredada, ¿verdad? A
ver si con un ejemplo es más fácil explicarme.

Permítanme esta infidencia, paso a contarles la primera cita con quien hoy es mi esposo. Después de un tiempo soltera conocí a Carlos (por cierto, es muy aconsejable darnos un espacio después de una relación para poder distanciarnos de la anterior y observar las "metidas de pata", y de esa forma recuperar nuestras fuerzas e incrementar nuestra seguridad personal). Hubo un "click" especial entre los dos cuando nos conocimos, así que después de tres conversaciones telefónicas tuvimos nuestra primera cita. Yo estaba muy tranquila porque no necesitaba desesperadamente una relación, por lo que no tenía la preocupación de vender una buena imagen o tratar de gustarle; simplemente quería ser yo misma: sin maquillaje, sin peinado, con ropa cómoda (casi pijamas) y sandalias. Tal y como soy.

El hecho es que llegó a mi apartamento y nos sentamos a conversar en la sala. Todos sabemos lo peligroso que son los sillones para delatar nuestras "llantitas"[22], así que respiré profundo y, debo confesarlo, adopté una mejor postura y ¡metí panza! Y eso que, según yo creía, no tenía intenciones de impresionarlo. Me senté y lo invité a hacer lo mismo.

Él, así de simple y encantador como es, se sentó muy natural, sin ser "chaparrastroso" ni "echarse" en el sillón, pero al hacerlo no hizo nada por ocultar su propia llantita. ¡Qué diferencia! Fue en ese momento cuando comprendí la importancia de estar cómodo con uno mismo al 100%. Es una actitud tan poderosa, tan fantástica que hace que los demás también se sientan cómodos en nuestra compañía. ¡Nadie vende simulacros! La verdad está a la vista y el que la quiera comprar que la compre, ¿verdad? Así fue como solté la respiración y todo salió con una gran naturalidad.

---

22.   Llantita: masa de carne o grasa superflua que forma una arruga alrededor del cuerpo o de un miembro.

De manera que "¡a lucirse mi llantita!", dije, y me dispuse a disfrutar del momento.

Entendí que ser yo misma era mucho más fácil que tratar de ser alguien más. ¡Algo tan simple como eso! Me sentía segura sin maquillaje, con mis pantalones flojos, con mis sandalias y todo lo demás, pero mi llantita... era mi llantita (¡y lo sigue siendo!).

¿Les ha pasado? Cuando a alguien no le importa mostrarse tal cual es y está cómodo con su persona que auténticamente le muestra al mundo, nos está regalando la posibilidad de ser nosotros mismos y sentirnos cómodos con quienes en verdad somos, sin falsedades y sin necesidad de tener que llevar puesta ninguna clase de máscara.

Si en algo tratamos de aparentar, tarde o temprano saldrá a la luz quién y cómo somos realmente. Las "llantitas" pueden ser tantas cosas que cada uno de nosotros puede aplicarlo a lo que más le cuesta aceptar de sí mismo, desde lo físico hasta lo emocional, intelectual o espiritual. Tal vez al levantarnos cada mañana, nos miramos al espejo y decimos: "¡Por Dios, estas arrugas!", o "¡esta panza!", u "otra vez no pude callarme la boca, ¿para qué hablé?".

Una vez más les digo: *ser nosotros mismos es mucho más fácil; si queremos ser alguien diferente estamos condenados a fallar.* Con esto no quiero decir que no necesitamos cambiar en algunos aspectos para ser o sentirnos mejor y hacer cosas como controlar el carácter, desarrollar habilidades emocionales, bajar o subir de peso, ir al gimnasio y cuidar nuestro cuerpo. Claro que podemos hacer muchos cambios en nuestra vida, pero solo para ser una MEJOR VERSIÓN de nosotros mismos y nunca una fotocopia de otro o de un modelo a seguir. Nuestros verdaderos logros y cambios surgen a partir de reconocer que somos un éxito en aquello que hacemos, que hay algo que hacemos como nadie; mientras que hay otras cosas en las cuales no nos conviene participar porque no son nuestro fuerte.

Hay lecciones que, por muy simples que parezcan, se llevan en el corazón siempre y esta es una de ellas. Gracias a Carlos por compartirla conmigo y por seguir permitiéndome "mostrar mis llantitas" con orgullo, aceptación y amor por lo que soy.

Es mi deseo que poco a poco todos podamos hacer sentir cómodos a quienes nos rodean, porque no nos da vergüenza mostrar nuestra "llantita".

¡Que vivan las llantitas! Son grandes maestras...

11

MI ENOJO CON EL ESPEJO

El espejo de la conciencia es el mundo que nos rodea.
DEEPAK CHOPRA

Lo que me enoja de los demás es lo que no acepto en mí. Estamos de acuerdo en que esta frase es la traducción de uno de los tantos conceptos que se manejan en psicología. Cuando la actitud de la otra persona nos hace demasiado ruido es porque de alguna manera esa misma actitud está en nosotros y nos disgusta. Mmmm, ¿muy técnico? Aquí va mi historia...

Tengo dos hijas preciosas y adorables que no me absorben el tiempo, ¡me lo exprimen! Y por decisión propia, mi esposo y yo tratamos de no delegar demasiado el cuidado de ellas para darles, como padres, el mejor regalo que podemos sembrar en ellas y siempre estará en sus recuerdos: nuestro tiempo, nuestro hablar con ellas, nuestra compañía, esas caricias que surgen de estar juntos y de reírnos por cada ocurrencia que tienen. Una buena parte del día me toca a mí estar tras las dos y, a pesar de ser una felicidad, no puedo dejar de decir con toda honestidad que es una tarea agotadora, con todo el encanto y las satisfacciones que pueda tener, pero es A-GO-TA-DO-RA. Lamentablemente no tengo a mi mamá cerca para pedirle que de vez en cuando me dé una mano, mi papá trabaja todo el día y mis hermanas (Gaby, Andrea y Meches), una vive fuera del país, la otra trabaja todo el día y la otra también es mamá de un bebé. Esta última realiza varias actividades diariamente y es una mujer inquieta (igual que yo) que busca siempre hacer cosas nuevas, es una apasionada de la vida.

Perdón por exponerles mi árbol genealógico, pero deseaba que estuvieran en el contexto apropiado para que mi explicación pudiera ser más clara. Muchas veces, nos hemos topado los fines de semana con que mi papá está cuidando al bebé de mi hermana, porque ella está atendiendo alguna de sus actividades. Me queda claro que definitivamente lo deja en las mejores manos amorosas y consentidoras del abuelo, pero después de algún tiempo repitiéndose la historia empecé a molestarme. ¿Cómo es posible que no deje descansar a mi papá en sus fines de semana? ¿Qué le pasa que no se hace cargo de su bebé en esos momentos que muchos añoramos? ¿Cómo puede dejarlo tanto tiempo? ¿Cómo es que mi papá no le pone un límite? ¿Cómo es posible que nadie lo vea como yo? ¡Ahhh! Esa era la pregunta clave. A nadie parecía importarle o afectarle la situación como a mí. "Seguramente es porque solo yo soy la mamá aquí y nadie más lo vive como yo lo hago", era mi pensamiento.

Hace poco tiempo, la historia volvió a repetirse y me enojé otra vez con la situación. Mi esposo, muy paciente, escuchó mi punto de vista y luego me preguntó: "¿Estás segura de que estás enojada con ellos o hay algo más?". Un balde de agua fría.

Caí en la cuenta de que muy en lo profundo de mi corazón

existía el sentimiento y el deseo de poder hacer yo lo mismo, tener tiempo para mis actividades y dejar de vez en cuando a mis hijas en las mejores manos para desentenderme por un rato; tener a mi papá o a mi mamá a disposición para encargarse de esos momentos en los que me siento al límite del desborde, ¿les suena? Así fue como me obligué a ser sincera conmigo misma: por muy buena mamá que quiera ser, por mucho que ame a mis princesas, por madura y dedicada que me esfuerce por ser para ellas, no puedo negar que de vez en cuando "pido pelo" (el lugar seguro, como en el juego de niños, donde no nos puede pasar nada) y acepto que, como ser humano, también deseo tener mis momentos y escaparme un ratito. Pero como no lo estoy haciendo, al menos en la misma frecuencia que mi hermana, me enojo; pero no con ella, sino con la parte mía que lo desea y no logra hacerlo.

¿Por qué? Porque mi parte racional "madura" y consciente decidió no tener esos momentos de esa forma y, según mis parámetros, el tener tanto tiempo sin dedicárselos a mis hijas me hacía sentir una mala madre, culpable. Esa manera de actuar iba en contra de la crianza que había decidido darles a mis hijas. ¿Darme tiempo para mí y dejar a las nenas con mi papá? ¿Cómo se iban a sentir mis hijas si yo decidía ir a tomar un cafecito con una amiga?

Tal vez a alguien le cueste creerlo, pero así funciona la cosa. El solo hecho de sincerarme conmigo misma y aceptar que en mí existe ese deseo de "tener un feriado" más a menudo me hizo ver las cosas desde otra dimensión y mi molestia hacia mi hermana y mi papá desaparecieron. (Muy probablemente mis circunstancias y mi casi total dedicación a mis hijas no cambie porque así lo he decidido, y estoy convencida de que invertir lo más que pueda ahora en sus primeros años será lo mejor para ellas en el futuro).

Aunque no siga mi estilo y no sea todo lo aprensiva y controladora que soy yo, puedo reconocer que mi hermana es una madre excelente, amorosísima y dedicada a su hijo, a su modo (que también es bueno).

Sé, sin ninguna duda, que en el momento en que yo lo necesite, allí estará mi papá para darme una mano en lo que pueda, ya lo ha hecho muchas veces y es el ¡mejor abuelo del mundo! Él está respondiendo a su corazón de abuelo y felizmente acepta la tarea de cuidar a su nieto. ¡Lo disfruta! Y de esa forma puedo ver las circunstancias con otros ojos, más relajada, más amorosa, más realista.

Les dejo una tarea. Piensen en una situación que los descomponga con alguna persona, que les choque demasiado... ¿Ya lo hicieron? Ahora, regresen a sí mismos. ¿No será que eso que tanto detestan del otro, que no toleran es exactamente lo que una parte de ustedes desearía tener o hacer? ¿Aunque sea por un ratito? ¿Y que por cualquier motivo no se lo han permitido hasta este momento? Por muy descabellado que suene, al hacer esto seguro encontraremos que sí existe el deseo. Eso no quiere decir que debamos cambiarnos de lado y ser todo eso que nos molesta de los demás, en absoluto.

Cada uno de nosotros hemos tomado decisiones de cómo ser, cómo actuar, qué permitirnos y qué no; pero es interesante hacer el ejercicio para dejar de estar enojados con el mundo porque algo no es lo que nosotros deseamos. Si me enoja demasiado que mi pareja sea bromista y no se tome las cosas en serio, a lo mejor una parte mía desearía poder tomar las cosas de manera tan simple y divertida como él lo hace. Si me enoja que los demás sean desordenados e impuntuales, a lo mejor una parte mía desearía poder ser un poco más flexible y serlo de vez en cuando sin sentirme culpable. Y revisando así nuestras actitudes, les aseguro que es increíble lo que podemos descubrir.

Repito, no estoy diciendo que nos volvamos inmaduros,

irresponsables, desordenados e impuntuales. No estoy diciendo eso. Estoy diciendo que nos puede ayudar el reconocer que también nos gustaría ser un poco como son los demás, que hay una parte en nosotros que puede ser desordenada, irresponsable, juguetona y despreocupada y que está bien tener algún área que contraste con lo que somos. Siempre somos nosotros mismos quienes decidimos cómo queremos ser.

Amigos, el espejo solo refleja lo que tiene enfrente. ¡Y somos maravillosos así de complejos como somos!

12

¿INDISPENSABLE O VALIOSO?

*Nadie puede hacer por ti lo que tú mismo debes
hacer. La existencia no admite representantes.*
JORGE BUCAY

A veces tenemos la sensación de que la semana pasa tan rápido,
que ni nos damos cuenta. Y así sigue la vida: el trabajo, la familia,
las actividades, los quehaceres, los mandados y muchas cosas más.
Esta bendita frase de que "el tiempo pasa volando" me llevó a la
reflexión, a pensar un poco en los sacrificios que hacemos *por* los
nuestros, pero también todo lo que sacrificamos *a* los nuestros.

Esta semana regresé al programa de televisión, del que me au-
senté casi tres meses por haber tenido a mi Belencita, y no saben
lo gratificante que es escuchar y leer mensajes como "nos hicis-
te mucha falta", "te extrañábamos", "bienvenida", etc. Mensajes
que sin duda me llenan el corazón porque me siento una parte
importante de sus vidas, lo cual es una sensación muy especial

y agradezco que me hagan sentir de esa manera. Pero me quiero referir a este hecho específico, porque de aquí quiero partir para que ustedes y yo podamos meditar en aquellas cosas en las cuales nos enfocamos cada día.

A todos nos gusta sentirnos una parte importante e indispensable de algo. La mayoría de las veces, ese algo es nuestro trabajo. Qué delicioso es escuchar que nos extrañaron, que no pudieron realizar tal o cual tarea porque nosotros no estuvimos a cargo de eso, o incluso que las cosas se hicieron, pero no salieron igual sin nosotros. Es maravilloso tener esa retroalimentación porque nos brinda afecto y nos hace sentir que estamos haciendo nuestra tarea de la manera correcta, que estamos yendo por el buen camino. Es halagador cuando un par, un compañero de trabajo, nos hace sentir queridos y parte de su vida porque eso implica que estamos relacionándonos efectiva y sanamente.

Pero mi reflexión va un poquito más allá. Amo mi trabajo y me entrego con todo cariño a hacerlo; además que, por su propia naturaleza, es sumamente gratificante y gracias a Dios, sé que aporto y sumo a la tarea. Ojalá todos pudiéramos sentirnos de esa misma forma en nuestros trabajos, tener la certeza de que aportamos, de que somos valiosos para la empresa. Sin embargo, aunque duela y cueste reconocerlo, no somos indispensables ya que el mundo seguirá existiendo y funcionando aunque no cuente con nuestra presencia.

Déjenme aclarar lo que estoy queriendo transmitir (porque así parece que Tuti se cambió de bando y ahora está del lado de los pesimistas). ¡No! Quiero decir que, a la larga, estemos haciendo lo que estemos haciendo, "no somos indispensables". Si por cualquier razón ya no seguimos siendo parte de una empresa, alguien más ocupará el puesto; a lo mejor hará muy mal las cosas y vendrá otra persona a reemplazarlo y así hasta que encuentren al empleado ideal. Puede ser que nos extrañen durante mucho tiempo, pero eso no quiere decir que la compañía deba cerrar operaciones porque nosotros ya no estamos allí, ¿me explico? La vida sigue y la empresa también lo hará. ¿Por qué esta reflexión entonces?

Porque muchas veces por pretender ser indispensables en nuestros trabajos se nos olvida que donde realmente somos indispensables es allí donde menos tiempo pasamos: *en nuestra casa con nuestra familia.* Indispensables para dar cariño, para compartir el día, para escuchar, para reír, para llorar, para no perdernos esos momentos que pasan una sola vez en la vida (los primeros pasos de nuestros hijos, por ejemplo). En fin, IN-DIS-PEN-SA-BLES para tallar buenos recuerdos en los corazones de quienes tanto amamos.

No estoy diciendo que debamos renunciar a nuestro trabajo, ni que no hagamos las cosas apasionadamente para tener éxito profesional. Solo estoy pegándome un "post-it" a mí misma en la frente para recordar y tener presente siempre cuáles son nuestras prioridades, nuestras urgencias y en dónde queremos pasar a la historia, *si en las estadísticas o en los corazones.*

Insisto, esto no es una sublevación en contra de nuestros trabajos, para nada. Gracias a Dios tenemos un empleo que nos ayuda a mantener a nuestra familia y donde nos realizamos a nivel personal/profesional. El punto es que no se nos olvide que, así como nos esforzamos por ser indispensables en una empresa donde somos valiosos, nos esforcemos también por ser valiosos donde realmente somos indispensables. Prioridades y ¡pies sobre la tierra!

Repito, esforzarnos para ser valiosos donde realmente somos indispensables, tanto como nos esforzamos por ser indispensables donde somos valiosos (enredado pero cierto).

Si se detienen a pensarlo por un instante, su alma, su corazón, su espíritu y todo su cuerpo les harán sentir que están yendo por el camino correcto.

13

Y SE VA, SE VA, SE VA... ¡Y SE FUE!

El tiempo es como un río que arrastra
rápidamente todo lo que nace.
MARCO AURELIO

Suelo regresar a casa del trabajo un poco antes del medio día, pero ahora hay una gran diferencia: ya no escucho la ligera carrerita y el escandaloso grito de "¡Mami!" de mi hija cuando abro la puerta. Ni me obliga a tirar bolsas, compu, abrigos, cartera y cuanta cosa cargo diariamente, para terminar en un abrazo que, de tan fuerte, me arroja sobre la alfombra donde termino bañada en besos y risas. Y apenas han pasado dos años y pico.

Hago alusión a una famosa frase de Abdón Rodríguez[23], que en paz descanse, porque lo que se nos va, "se va, se va y se fue",

---

23. Famoso comentarista deportivo, célebre por sus frases durante sus narraciones. Una de ellas, durante los partidos de béisbol, al momento de un *home run* era: "Y la bola se va, se va, se va... ¡y se fue!".

es el tiempo. Apenas han pasado un par de añitos y ahora que es toda una niña grande de "cole" me doy cuenta de que crece más rápido de lo que yo pensaba. Y lo que creí que ganaría en tiempo para mí, lo he perdido en detalles maravillosos con ella. Veamos si me logro explicar, no es que sea una madre traumada que no deja crecer a sus hijas (espero no serlo); pero con ese pequeño detalle soy consciente de que el tiempo vuela y no estamos entrenados para aprovechar cada momento al máximo y valorarlo como único e irrepetible, porque tarde o temprano puede ser que no vuelva más. ¡Auch!

Ese año se me esfumó y con pequeños momentos, como el que les acabo de describir, reconozco que no estoy viviendo lo suficiente en el presente, con la plena conciencia de que lo tengo hoy, ahora, en este instante. Incluso los momentos complicados, de cansancio absoluto, de frustración o los que llamamos "malos momentos", tampoco volverán.

Lo divertido es que es una cantaleta que hemos escuchado y seguimos escuchando todo el tiempo: aprovechar el tiempo, vivirlo como si fuera el último, el reloj no da marcha atrás, etc. Pero ahora que lo estoy viviendo en estos pequeños detalles y extraño terriblemente su escandalosa y aguda vocecita, estoy tratando de ser consciente del gran tesoro que tengo hoy y ahora, con los míos, con aquello que me hace feliz.

No se trata de querer aprisionar y controlar todo, sino más bien de vivirlo en su natural fluidez y dejar que la felicidad se cuele en esos simples, maravillosos y fugaces momentos. Después de todo, *la felicidad no depende de las circunstancias que nos toque vivir, sino de nuestra actitud ante ellas y de la forma en que interpretamos aquellas cosas que nos acontecen a todos por igual.* Sí, ¡es posible ser feliz!, si tan solo tomamos la decisión de serlo cada día.

Ahora procuro bailar y cantar cuando arrullo a mi segunda

bebé para que se duerma, procuro disfrutarla más y quejarme menos. Ahora sé que esas desveladas y ese cansancio agotador, en menos tiempo de lo que creo, también se esfumará, por eso intento hacer de esos momentos, lindos recuerdos.

Mis dos princesas crecen y el tiempo sigue caminando. Pronto tendré otra vocecita escandalosa (como su mamá) recibiéndome en una carrera que termine en besos y abrazos. Y también sé que en un par de años, también la estaré extrañando.

¡Ay el tiempo! Cuando estemos desesperados, tristes, enojados, frustrados, con ganas de que pase rápido; o cuando estemos felices, divertidos, descansando, jugando, riendo, bailando, sin querer que avance, recordemos que esos son nuestros tesoros y, como tales, hay que darles el valor que se merecen. Lo negativo perderá fuerza y lo positivo se grabará con fuego en nuestros corazones.

Gracias a mi maestra de dos años por dejarme tan buenas lecciones de vida... ahora mismo. Las comparto con ustedes para que mañana no se encuentren diciendo, como Abdón, que la vida se va, se va, se va... ¡y se fue!

14

MI ARBOLITO ESTÁ CHUECO

*Lo maravilloso de la infancia es que cualquier
cosa es en ella una maravilla.*
GILBERT CHESTERTON

Escribí este capítulo en la primera navidad con nuestras dos hijas:
la mayor, Fernanda, con dos años y meses, y Belén recién nacida.
Otra de las tantas lecciones que quise compartir y, sobre todo,
trasladar como filosofía al resto de mis momentos del año. Aquí
va...

Después de tres semanas de estar intentando vestir de navidad nuestra casa, el fin de semana pasado lo logramos. ¡Y qué
experiencia!

Como adultos creo que vemos un poco tedioso el hecho de tener que desempolvar todo lo que hemos acumulado por años, su-
birnos a banquitos o escaleras para bajar las cajas y demás cosas de
los closets y las bodegas, aguantarnos un poco la alergia que nos

da el polvo y la humedad en todo lo que vamos sacando poco a poco, darnos cuenta de que nuestro arbolito ya tiene varias ramas menos y nuestras series de lucecitas para adornarlo no encienden, o encienden a medias, y mil peripecias más por las que pasamos con tal de que la navidad llegue a nuestro hogar.

Este año la gracia de la navidad era que nuestra Fer pudiera disfrutar de forma diferente este proceso y se ilusionara con las lucecitas, las bombas, los brillantes adornos y todas esas cosas que despiertan curiosidad en los pequeños. Creo que los mayores subestimamos demasiado el poder y la magia de los niños, se nos olvida dejar que nos contagien su espíritu inocente, divertido y maravilloso durante todo el año. No somos conscientes del regalo que nos da la vida y la oportunidad de volver a disfrutarla como deberíamos, a través de los ojos de ellos. Y es esta época la que nos permite recordarlo, contagiarnos, soltar los formalismos y volvernos un poco más simples, más relajados, más chistosos... más niños.

Hicimos todos los trámites que anteriormente describí durante la siesta de mis hijas y fui víctima de una alergia insoportable que me hizo usar casi una caja entera de pañuelitos descartables de la estornudadera que me dio; sacamos todo sobre la alfombra de la sala (que parecía un campo de batalla), Carlos colocó las lucecitas y yo preparé los adornos para poder empezar a adornar el arbolito, en cuanto se despertara nuestra Fer.

Se despertó llorando (la gripe que no termina de despedirse causaba un cierto malestar en ella) y me buscó. "¡Aquí en la sala Fer!", le grité al escucharla caminar hacia el lado contrario. Llegó medio adormecida y sus ojitos se iluminaron cuando vio el arbolito ya armado con todas las luces encendidas. "Mami, pon la canción de Belén" (para ella Belén aún solo es el nombre de su hermana), y ya con los villancicos sonando empezamos a colocar los adornos en el árbol. Ella se encargaría de poner los de la parte de abajo.

Tuve que guardar mi impulso de búsqueda de simetría y perfecta distribución de los adornos en el árbol, cuando vi que mi princesa ponía todos los adornos en la misma rama que ya se estaba venciendo. "No mi amor, ponlos en ramas diferentes", estuve a punto de decirle cuando ella se volteó a mí después de colocar el cuarto adorno en el mismo sitio y exclamó entusiasmada y con sus brazos en alto: "¡Mami, lo logré!". Me tragué las palabras, "hay cosas más importantes que un árbol perfecto".

A partir de ese momento, decidí imitarla y dejar que ella guiara la operación "arbolito de navidad", no hay nada como verla entusiasmarse y empinarse para poner los adornos lo más alto que puede, darle vueltas al árbol una y otra vez cantando y gritando, verla aplaudir y bailar "la canción de Belén" 15 veces seguidas, ver su sonrisa a más no poder al realizar el logro de su vida: colocar 7 adornos en una misma rama y sin que se caigan todos. Me permití celebrar con saltos de alegría y chocar palmas con ella cada vez que colocaba uno más y uno más, cantamos y bailamos al ritmo de villancicos y dejamos que ese espíritu de alegría nos inundara a todos.

Sí, corremos el riesgo de romper muchos adornos cuando armamos el arbolito de navidad, de dejar la cocina blanca de harina si se nos ocurre hacer galletitas, de caer exhaustos en la noche. Y corremos el riesgo de dejar los recuerdos más lindos en el corazón de nuestros hijos al dedicarles algunos minutos para vestir de navidad nuestras casas y, sin darnos cuenta, empezar a vestir nuestros corazones también. Corremos el riesgo de sentirnos plenos y dichosos por la vida y por el regalo maravilloso de ser padres, porque estoy segura de que realmente los ayudantes de la navidad son esos duendecitos que tenemos en casa y que tan fácilmente imprimen de magia esta y todas las épocas del año.

Mi arbolito está chueco, tiene más bombitas de un lado que del otro, tiene 27 adornos repartidos en tres ramas, ha sufrido ya varias caídas y cada día desaparece uno que otro listoncito; pero es el árbol de navidad más lindo que he tenido en casa. No es el arbolito lo que recordaré para siempre. Son sus ojitos, sus bailes, sus carcajadas, sus gritos de "lo logré" los que empiezan a hacer mi navidad y perdurarán por años.

Todos los adultos tenemos la oportunidad de relajarnos y darle valor a aquellas cosas que realmente importan. Dejémonos contagiar por esa capacidad maravillosa para disfrutar la vida que tienen nuestros niños en navidad, en verano, en primavera, en época de clases y ¡todo el tiempo!

15

MI PEPE GRILLO

La conciencia es la presencia de Dios en el hombre.
VICTOR HUGO

Todos, absolutamente todos, en algún momento de nuestra vida la hemos escuchado, tal vez no con la claridad que nos gustaría para poder tomar las decisiones acertadas en el momento justo, pero siempre está allí. Yo la llamo mi "Pepe Grillo": *mi conciencia*.

Hay algunos momentos en los que sabemos que algo no está bien: nuestra relación de pareja, nuestro trabajo, una relación de amistad o familiar; incluso en más de una ocasión no estaremos al 100% seguros de qué es lo que no marcha bien en nuestra vida o con nosotros. Simplemente, y gracias a nuestro Pepe Grillo, sabemos que algo no está bien, no nos sentimos bien, plenos, felices.

Insisto, todos escuchamos esa vocecita pero la mayoría de nosotros no le prestamos atención. ¿Por qué? Imagino que por la simple razón de que, cuando aparece, la percibimos como antesala a algún cambio necesario que debemos hacer. Y cómo nos cuesta aceptar que debemos iniciar un cambio, o tomar la determinación de cambiar en alguna área específica. Esa vocecita nos anuncia que se aproximan tiempos de turbulencia emocional, de posible confusión entre lo que tengo y lo que realmente deseo (y no me refiero a cosas materiales).

No es que yo sea la experta en hacerle caso a mi Pepe Grillo, créanme, me cuesta muchísimo. La parte fácil es entender que algo me tiene inquieta con respecto a algún aspecto de mi vida y que, aunque no me guste o no quiera aceptarlo, va permeando y afectando otras áreas que aparentemente están bien. Lo difícil es, realmente, atrevernos a dar el paso hacia el inicio del cambio.

Pero somos expertos en buscar mil excusas para aferrarnos con todas nuestras fuerzas a esa situación tal cual es. ¿Por qué? Porque es lo que conocemos y, aunque no nos guste del todo, lo que manejamos relativamente bien; nos aterra lo desconocido: "Y si me deja", "y si me despiden", "y si se enoja conmigo", "y si no vuelvo a encontrar trabajo", "y si nadie más me quiere" son algunos pensamientos que vienen a nosotros para evitar que decidamos tomar la iniciativa y buscar un cambio a la situación. Pero, ¿saben qué? Si estamos en una situación que nos está incomodando y ya la hemos identificado, es inevitable que nos dirijamos al cambio que tarde o temprano ocurrirá.

Lamentablemente a muchos de nosotros estos cambios nos han llegado más tarde que temprano por nuestro miedo a enfrentar situaciones desconocidas. El problema está, mis queridos amigos, en que sufrimos en el trayecto y mientras más dure este, "aguantando" el cambio, mayor será el sufrimiento. Queremos ver el suceso, pero no toleramos el proceso, los tiempos de cambios y ajustes que todos necesitamos hacer cuando anhelamos o buscamos algo más de la vida.

Pondré una situación para ejemplificar: si hay algo que me molesta de una relación de amistad y no lo hablo con mi amigo por temor al rechazo, a herir (o herirme) o a perder la amistad, esa situación irá creciendo porque acaparará más mi atención y yo estaré más sensible a las veces que ocurra; por lo tanto me hará más daño. El problema no se termina allí, pasamos días, meses y hasta años con la inquietud de hablarlo, de señalarlo, ensayamos una y mil veces cómo lo vamos a abordar, nos desahogamos con otras personas y quienes más dañados salen de este vuelterío somos nosotros. Nos desgastamos, nos enojamos armando historias en nuestra cabeza, percibiendo y agrandando cosas que, probablemente, no sean así (o quizás nunca existieron), dándole vueltas a la situación una y otra vez hasta llegar a enfermarnos, literalmente.

....

Dependerá de nosotros mismos el encontrar la clave justa para vivir una vida plena relacionándonos saludablemente.

....

Es un propósito para mi vida que quisiera compartir con ustedes a ver quién me hace "gundas"[24]: no solo estar atenta a mi Pepe Grillo sino además tratar de resolver los asuntos pendientes lo antes posible, sin tardanza, poniendo manos a la masa en el momento justo. Enfrentarlos, encararlos, enfocarnos en solucionar o aclarar lo que sea necesario nos evitará muchos dolores de cabeza y, aún más, será sano para esa relación que debemos componer. Y es que se nos olvida muchas veces que si ya estamos

---

24. Forma común de decir "segunda". Los niños para establecer un orden en cualquier juego gritan: "Primas, gundas, terceras", etc.

inconformes con algo, NO PERDEMOS NADA con enfrentarlo. NO PERDEMOS NADA. Al contrario, podemos ganar la tranquilidad de solucionar ese algo que nos molesta y recuperar cuanto antes la paz con nosotros mismos; algo que si nosotros no nos procuramos, nadie más lo hará porque no le corresponde. Nos entendemos hablando, por eso no dejemos para mañana lo que tenemos que hablar hoy. Y si tenemos que pedir perdón o disculpas, hagámoslo, un verdadero amigo se lo merece. La verdadera amistad se basa en la sinceridad y en mostrarnos tal cual somos. Y recuerden, *un amigo es alguien que lo conoce todo de nosotros y sin embargo nos aprecia.*[25]

....

En el fondo son las relaciones con las personas lo que da sentido a la vida.[26]

....

Cada uno de nosotros es dueño de sus circunstancias y sus condiciones, por eso debemos tomar decisiones y hacernos responsables de cada una de ellas. ¡Adelante!

---

25. Anónimo.
26. Frase de *Karl Wilhelm Von Humboldt.*

16

MIS ETIQUETAS

*Las personas cambian cuando se dan cuenta del
potencial que tienen para cambiar las cosas.*
PAULO COEHLO

Cuántas veces, siendo adultos, portamos etiquetas como "no soy
bueno para bailar", o "soy pésimo dibujando", o "nunca tuve
capacidad para las matemáticas", y muchas más. Pero, ¿nos hemos puesto a pensar de dónde y desde cuándo las llevamos con
nosotros?

Hace un tiempo, Fer de 3 bien vividos años, jugaba con una
amiga de 4 añotes y pintaban juntas. Mi hija muy entusiasmada
tomó crayones de todos los colores y se dedicó a rellenar la hoja
con círculos, óvalos y rayas para presentarle a su amiga su "obra
de arte". Ella con la sinceridad de un niño le hizo una observación
de inmediato: "¡Qué feo!". Lo cual desató el llanto y el dolor de
mi gorda, al verse seriamente criticada por la maestra en arte de

4 años. "Ella dice que está feo. Mami, a ella no le gustó". Y ya ni les cuento la terapia de reconstrucción de autoestima artística que me tocó después.

Imaginemos que ese mismo comentario, una niña como mi Fer lo recibiera todos los días al intentar hacer cosas con su limitada, y aún no desarrollada, habilidad motora y coordinación. ¿Qué pasaría? Seguramente en su vida adulta repetiría la misma cantaleta de "no soy buena para dibujar", sin haber siquiera hecho un esfuerzo mayor por mostrar que sí es capaz de hacerlo bien, y pensaría: "¿Para qué?, si siempre me dijeron que no soy buena dibujando". ¡Es probable que tenga razón! Así es como razona la mente inconsciente de un adulto al que le repitieron, tal vez desde la niñez, toda clase de frases negativas. Duro, ¿verdad?

Casi siempre tomamos por verdaderas estas etiquetas o rótulos que, en la mayoría de los casos, no nos acordamos de dónde los obtuvimos y hace cuánto. Si mi hija hubiera aceptado como válida la apreciación de su amiguita, si yo no hubiera estado allí para reafirmarle su estima (en construcción), seguramente en algún momento dejaría de seguir intentando una y otra vez perfeccionar su trazo, combinar y experimentar con colores y formas, y de esta manera darle tiempo a sus habilidades psicomotrices a que terminen de desarrollarse para irse sintiendo satisfecha de sus paulatinos logros. ¡Vaya tarea y responsabilidad que tenemos los padres con nuestros niños!

¿No son buenos bailarines? ¿Cuánto tiempo bailan a la semana, practican y se entregan por completo a la actividad? Porque no pretenderán ser campeones internacionales de salsa de la noche a la mañana, sin por lo menos una hora de práctica y estudio diaria. ¡Claro! Como tienen ese concepto incorporado de que no pueden hacerlo y son torpes en sus movimientos, no se han tomado la molestia de comprobar su teoría, asistiendo a clases y pidiendo ayuda, siendo constantes y, sobre todo, esforzándose por disfrutar de la actividad y hacerlo bien. Ni los propios bailarines profesionales han logrado bailar como lo hacen, sin horas enteras de dedicación y aprendizaje.

Constantemente estamos esforzándonos (aunque no nos demos cuenta a nivel consciente) por demostrarnos que lo que creemos de nosotros mismos y de la vida es cierto. ¡Y en la mayoría de los casos, no lo es! Así que los invito a revisar cuáles son esas etiquetas, esos conceptos que portan con tanto orgullo, seguros de que los definen a la perfección, y cuestiónenlos, pónganlos a prueba. Espero de todo corazón que se den la oportunidad de hacer eso que tanto desean, pero que no han hecho hasta ahora porque creen que no tienen la capacidad de hacerlo.

Todas nuestras creencias, que son solo ideas aprendidas o heredadas de otras personas, pueden ser refutadas y cambiadas. ¿No están conformes con su forma de actuar en determinada área de su vida? Revisen sus creencias al respecto, cuestiónense qué era lo que se creía en sus familias sobre ese tema cuando eran niños, y si se dan cuenta de que eso que siempre creyeron no les sirve, deséchenlo y elijan una nueva idea. Atrévanse a bucear en su interior, a conocerse, y se sorprenderán de lo mucho que descubrirán sobre ustedes mismos.

....

Fe es creer en lo que no se ve y la recompensa es ver lo que uno cree.[27]

....

¡Tengan fe en ustedes!

---

27. Frase de *San Agustín*.

17

YO PRIMERO

La confianza en sí mismo es el primer secreto del éxito.
RALPH WALDO EMERSON

Lo interesante de este título es que se trata justamente de aquello que nos dicen que NO debemos hacer: colocarnos en primer lugar. Nuestros padres, nuestros maestros y todas las personas por las cuales pasa nuestra educación en algún momento de la vida nos aconsejan: "Piensa primero en los demás", ¿no es cierto?

Pero no me refiero a ese "yo primero". Lo que quiero decir es desde otra perspectiva, el "yo primero" como la primera persona que da el paso, la primera persona en marcar la diferencia, la primera persona en ser plena y feliz para poder compartir eso mismo con los demás. No me refiero a sentirnos el "ombligo del mundo" y a querer que todo pase por nuestras manos; la verdad, queridos amigos, es que, aun sin nosotros, el mundo seguirá existiendo. Lo que deseo es que podamos convertirnos en los protagonistas de nuestra propia vida, de nuestra propia historia, y que dejemos de ser meros espectadores. A muchos de nosotros nos enseñaron una sola parte de lo que Jesús dijo: "Ama a tu prójimo", dejando de lado la segunda parte de la oración: "como a ti mismo".

Hoy me llegó un pensamiento preciosísimo de Osho y se los comparto porque expresa una gran verdad y nos recuerda la gran sabiduría que la naturaleza encierra en sus simples pero sublimes acontecimientos diarios, aquí va: "Una cosa es cierta, cuando hayas florecido, compartirás. No hay forma de evitarlo. Cuando la flor se abre, no puede retener su fragancia, esta se dispersa en todas las direcciones. Así que primero realízate... primero sé... deja que florezca tu luz interna. Entonces tu ser irradiará una fragancia que alcanzará a muchos. No será un acto de servicio, compartirás de puro gozo. Y no hay nada más gozoso que compartir tu gozo". ¡Guaaau!

La naturaleza nos demuestra a diario cómo entrega sus regalos más hermosos: el canto de un ave, los colores de las flores, el vaivén de los árboles que bailan con el viento, los maravillosos aromas de la tierra y el bosque, los deliciosos sabores de sus frutos, los sonidos relajantes de sus ríos y el mar gigante, sin esfuerzo, sutil, hermoso, perfecto. ¿Qué nos hace pensar que la naturaleza piensa primero en sí misma? Pues observemos un árbol de naranjas, primero se nutre bien, crece y gesta en pequeños botones hermosas flores y, cuando está listo, se abre para darnos dulzura en su aroma y más tarde su jugoso fruto. No se lo reserva, solo es, solo se luce, solo hace lo que debe hacer y manifiesta su verdadera esencia (ser naranjo), de la mejor manera. Y qué bien le queda, ¿no?

Cuando nosotros estamos inseguros de nosotros mismos, cuando no aceptamos o no disfrutamos de quiénes somos realmente, los frutos que ofrecemos (si es que los ofrecemos) seguramente no serán tan bien recibidos, tendremos la sensación de que no son apreciados, ¿no lo han notado? Cuando estamos plenos, felices con nosotros mismos y disfrutando de quién y cómo somos, nos damos cuenta de cómo la gente recibe, abierta y alegremente, los frutos que ofrecemos.

La gente segura de sí misma sabe cuidarse y, como sabe hacerlo, puede cuidar, alentar y ser de inspiración para otras personas.

La gente segura de sí misma sabe enfocarse en el orden, en las prioridades y en las metas que se ha propuesto alcanzar.

La gente segura de sí misma sabe arriesgarse, decide y corre riesgos calculados.

La gente segura de sí misma sabe levantarse del error y seguir adelante.

La gente segura de sí misma sabe ver las oportunidades y aprovecharlas.

La gente segura de sí misma vive su vida con pasión, entusiasmo e intensidad.

La gente segura de sí misma aprende siempre y se deja enseñar. ¡Sabe escuchar!

Si nosotros somos felices, disfrutamos lo que hacemos y dejamos salir esa felicidad y esa dicha, el mundo a nuestro alrededor lo notará y se impregnará también de esa energía. Y lo más hermoso de todo es que no nos quedaremos vacíos, al contrario, nos daremos cuenta de que ese estado nos pertenece, es nuestro, por eso podemos compartirlo. Nadie nos hace felices, nosotros SOMOS felices, nadie nos hace dichosos, nosotros SOMOS dichosos.

Una vez más, cuando florecemos desde nuestro corazón es cuando podemos compartir casi sin darnos cuenta, ya que entregamos nuestro perfume simplemente porque es nuestra naturaleza.

Estoy un poco filosófica, tal vez, pero me encantó este pensamiento y me invita a estar atenta para florecer YO PRIMERO.

18

YA SOY GRANDE

Ser independiente es cosa de una pequeña
minoría, es el privilegio de los fuertes.
FRIEDRICH NIETZSCHE

Una vez más compartiré con ustedes esas grandes lecciones que mi pequeña gran maestra de 3 años me obsequia a cada momento. Mi Fer está en una edad hermosa en la que empieza a independizarse de mamá y papá para hacer cosas por ella misma. Cosas "simples" a nuestros ojos, pero que constituyen todo un desafío para ella.

"No, mami. Yo ya soy grande y puedo ir al baño sola".
"No, mami. Yo ya soy grande y puedo cortar el pollo sola".
"Ya soy grande y por eso puedo servirme la leche sola".
"Como ya soy grande puedo ponerme el pijama sin ayuda".
"Yo soy grande y puedo untar el pan con queso".

Y así, podría enumerar y repetir una y mil formas diferentes en las que mi pequeña niña grande ya sabe hacer cosas nuevas. Estoy tan orgullosa de verla intentar hacer nuevas actividades e ir lográndolas poco a poco, para luego seguir en la búsqueda de otras más que pueda realizar... ahora que ya es grande.

Uno de estos días de fin de semana en la mañana, le sugerí que ya era hora de vestirse para salir a un almuerzo que teníamos. Así que entusiasmada aprovechó la oportunidad para decirme: "Mami, mami: ¿puedo ponerme mi vestido yo solita?". A lo que yo respondí: "¿Quieres que te ayude?". Y por supuesto, su respuesta fue: "No mami, yo ya soy grande. Mira cómo lo puedo hacer sola".

Aquí empieza mi reflexión: amo profundamente la forma en que ella se complace, se divierte y se desafía a sí misma constantemente para demostrarse (y demostrarme) que ya es una niña grande y que puede hacer las cosas sin ayuda. A su modo, a su ritmo, pero sola al fin. Amo ver cómo lucha contra el pijama para sacárselo de la manera menos convencional para, después de cinco minutos y varios tirones por el lado equivocado, logra deshacerse de él para empezar con el reto del vestido. Como buena mamá (creo) un par de veces se me escapa un "¿te ayudo?", a lo que responde muy convencida: "No mami, yo puedo. Ya soy grande".

Y es aquí cuando pienso: ¿en qué momento los adultos soltamos esa inquietud natural de los niños de intentar cosas nuevas, de desafiarnos a nosotros mismos y demostrarle al mundo lo capaces que somos de plantearnos nuevas metas y lograrlas? ¿A qué hora nos convencieron de dejar de demostrarnos que somos niños grandes y que, por lo tanto, podemos conquistar el mundo con nuestra perseverancia y nuestro esfuerzo, en busca de nuestra propia ruta sin descansar hasta alcanzarla? ¿Por qué cedemos nuestro poder y nuestra convicción de ser seres independientes que tienen la facultad de enfrentarse a cualquier reto que aparezca en nuestro camino con entusiasmo, con pasión, con alegría y con el compromiso de lograr aquello que queremos? ¿En qué momento decidimos volver a ser bebés que necesitan que todo se lo resuelvan mágicamente sin la intervención de nuestra voluntad y nuestro esfuerzo? ¿O es que ser adultos significa bajar los brazos ante cada desafío de la vida?

Imaginemos cómo sería nuestra familia, nuestra comunidad, nuestra ciudad, nuestro país, nuestro mundo si realmente estuviera poblado por "niños grandes" que se entusiasman por demostrar lo capaces y hábiles que son de lidiar con nuevas actividades, que asumen con responsabilidad y alegría las tareas que les corresponden, sobre todo si son desafiantes, que no dudan ni un segundo de que todo lo que se propongan lo pueden conseguir porque confían en su potencial ilimitado. ¿Cómo sería mi mundo si yo fuera una "niña grande" todo el tiempo?

Les dejo un interesante ejercicio: cada vez que sientan que se quedan paralizados por alguna nueva situación que se les presenta, algún reto, alguna actividad a la que no están acostumbrados y para la cual su primer impulso es dejársela a alguien "grande", recuerden las palabras de nuestros pequeños maestros y repítanlas para ustedes mismos (y para Dios también): "¡Yo puedo hacerlo! ¡Ya soy grande!". Les aseguro que si creen que pueden, podrán. Para aquel que cree, todo es posible.

Como dice una publicidad muy famosa: Impossible is Nothing (imposible es nada). Hagan la prueba y después me cuentan.

19

¿TE LLEVAS UN JUGUETE?

No deis solo lo superfluo, dad vuestro corazón.
MADRE TERESA DE CALCUTA

A menudo tengo que salir a reuniones o grabaciones de trabajo después del almuerzo o a media tarde. Sé que no soy la única mamá a la que se le estruja el corazón cuando a la hora de despedirme de mis princesas, una se queda llorando con sus bracitos estirados y la otra, la mayor, insiste en acompañarme prometiéndome que se portará bien. ¿Les ha pasado?

En muy pocas ocasiones el momento permite darme el lujo de llevar a alguna de las dos para que me acompañe, aunque esto implique un poco más de paciencia y esfuerzo de mi parte. ¡Adoro que mis hijas puedan acompañarme! Pero tengo que ser sincera, no es el común denominador de mis días.

Desde hace algún tiempo a Fernanda, la mayor, le dio por inventar cientos de excusas para convencerme de que sería una buenísima idea que ella viniera conmigo a la actividad que yo tenga. Así que tengo que pasar por algunas estaciones antes de poder irme:

1. *"Mami, ¿te puedo acompañar?".*
2. *"Mami, espera, tengo que decirte algo: vete con cuidado".*
3. *"Mami, ¡espera! Ven, no te vayas por el camino largo, vete por el camino corto".*

Para terminar con la última (y la mejor de todas):

4. *"¡Mami, mami! Tu bendición"*, a lo que viene el respectivo *"nomepate, sito, sito santo, amén".*

Pero la última estrategia que utilizó mi princesa me dejó reflexionando y es lo que quiero compartir con ustedes porque, como todo lo que ella hace y dice, me encanta aplicarlo a mi vida de adulta para rescatar las grandes lecciones que con su inocencia me deja.

El otro día, después de explicarle que iba a una reunión de "gente grande" y que por ese motivo no podría acompañarme, por tercera vez en situaciones similares, mi Fer me preguntó: "Mami, ¿te llevas un juguete?", y en el acto corrió a buscar cualquier juguete para que me lo llevara conmigo. Estoy segura de que esta acción tiene un significado mucho mayor para ella. Imagino que es su forma de acompañarme cuando no puede hacerlo en persona, es darme un recordatorio de que ella quiso estar a mi lado aun en los momentos en que no le permito hacerlo, es dejarme un detalle que me enternezca y haga que me dirija a mis actividades con una sonrisa.

Me quedé pensando si nosotros, los adultos, nos esforzamos

de igual manera por "dejarle un juguete" a quienes amamos, a quienes trabajan con nosotros o a quienes conocemos por ahí día a día. No me refiero a dar un juguete físico (¡aunque sería un experimento muy divertido!), sino a dejar nuestro sello, nuestra huella, a procurar que todas las personas, pero principalmente quienes ocupan un lugar importante en nuestras vidas, sepan que allí estamos nosotros, aunque no podamos acompañarlos todo el tiempo y a todos lados.

Mi "juguete" (mi regalo especial) para alguien puede ser una sonrisa, cinco minutos de mi tiempo, un abrazo, un beso, un lindo gesto, una flor, un caramelo, una notita, una palmada en la espalda o una palabra cariñosa. Incluso podría agregarle un toque de humor diciendo algo como "antes de que te vayas, te dejo esta servilleta (o cualquier otra tontería) para que te acompañe". Estoy segura de que me verían con cara rara, pero finalmente lograría sacarles una sonrisa. ¿Por qué no intentarlo?

Tal vez no recordemos hacerlo todo el tiempo, tal vez no tengamos ganas de hacerlo con ciertas personas, y es muy válido. Pero yo nos invito (Tuti incluida) a que diariamente nos propongamos dejarle un "juguete" a alguien, algo que pueda marcar una diferencia en su día.

¿Y por qué no empezar hoy con nuestra propia familia?

Ojalá este libro también sea uno de mis "juguetes" para mucha, mucha gente, mi pequeño aporte, mi granito de arena que toque corazones y mentes y lleve un poco de felicidad a este mundo, que tanta falta le hace.

"Piensa en los momentos felices que tú, tu familia y tus amigos han compartido juntos. Recordar la felicidad del pasado tiene la poderosa habilidad de darnos felicidad en el presente".[28]

---

28. David Niven, Ph. D., *Los 100 Secretos de la Gente Feliz*, Grupo Editorial Norma, 2003.

20

¿EGOÍSTA YO?

El único egoísmo aceptable es el de procurar
que todos estén bien para estar uno mejor.
JACINTO BENAVENTE

Estoy escribiendo este capítulo un día sábado después del almuerzo. Hago esta aclaración para que se entienda que pasé toda una semana trabajando, madrugando, trasnochando (porque mis hijas y yo caímos con gripe), organizando mil pendientes, asistiendo a reuniones, escribiendo, cocinando, resolviendo, atendiendo, conciliando, regañando, enseñando, jugando... y mil cosas más de esas que casi a diario solemos hacer los padres.

Mi ilusión era aprovechar la siesta de mis hijas para ver una película con Carlos, mi esposo, y poder así descansar un poquitín, estirar las piernas y recostar espaldas en el sillón para disfrutar de un par de horas sin hacer NADA. Todo apuntaba a que sus siestas se sincronizarían. ¡Sí!

Hoy salí casi a medio día del programa de radio, regresé a casa, arreglé a las niñas para el almuerzo, salimos a comer con mi papá y mis hermanas y de regreso pensé: "Ahora es cuando se duermen en el carro y ¡a disfrutar de una peli!".

Carlos le preguntó a Fernanda, la mayor, si quería ir a jugar a los columpios y ella, entusiasmadísima, le dijo que sí. Igualmente pasamos a rentar una película, Carlos se bajó del carro y yo me quedé dando vueltas (con la esperanza de que se durmieran). Estaba recién empezando la segunda vuelta y Fer, luchando contra el sueño, no dejaba de repetir de mil maneras lo feliz que estaba porque iba a ir a jugar con su papá a los columpios.

Por un instante pensé: "Si le doy unas cuantas vueltas más, se duerme y tal vez más tarde va a jugar con su papá, entonces yo puedo descansar y ver la peli", pero es increíble cómo cambia nuestra perspectiva cuando nos enfocamos en los demás y no en lo que nosotros queremos o nos conviene hacer. Es decir, cuando logramos salir de nuestro "yo" (que todo lo quiere para sí mismo) y prestamos atención a los deseos o necesidades de los demás.

En ese momento, entendí que ella quería jugar y yo no la estaba ayudando en absoluto, que ella tenía tanto o más derecho que yo a disfrutar los fines de semana como a ella le gusta hacerlo: jugar con papá y mamá a quienes no ve en casi toda la semana. Nosotros, como adultos, decidimos trabajar todo el día y atenderlos apenas unos momentos entre semana, si nos va bien. Y esperamos que el fin de semana sean ELLOS los que entiendan que NOSOTROS estamos cansados y que no queremos que nos molesten pidiéndonos cosas que nos puedan cansar aún más. Esperamos enseñarles a ser generosos, a no ser egoístas ni egocéntricos, y adivinen qué es lo que les estamos modelando... ¡exacto!

Me tragué mis ganas de película, mi cansancio y mi tarde maravillosa tirada en el sillón sin hacer nada. Regresé a estacionar para esperar que Carlos saliera de alquilar la película, dejé de arrullar su sueño y empecé a hablarle para que no se durmiera.

Belén, la pequeña, sí se durmió así que igual me quedé en casa, mientras Carlos y Fernanda salieron a jugar y hasta aquí donde me encuentro puedo escuchar los gritos de felicidad de mi niña, y todas las cosas que ambos están haciendo en una tarde espectacular.

Yo solía jugar, salir y pasear con mis padres los fines de semana; tuve una niñez muy dichosa, por eso no es justo que ahora, por decisiones de trabajo que yo misma tomo, decida egoístamente que mis hijas no puedan tener esos mismos momentos tan especiales. No puedo olvidar la razón por la cual todos, de niños, esperábamos los fines de semana: estar con papá y mamá todo el día y disfrutarlos para compensar el tiempo que entre semana no tuvimos.

Se trata de quitarnos un poco la cáscara de egoístas que todos, en algún momento, llevamos puesta y disfrutar de lo dulce que la vida tiene para nosotros y para nuestros hijos, aunque eso signifique cansarnos un poquito más.

···

No hay verdadera felicidad en el egoísmo.[29]

···

Ahora procuro, cada vez que entro en conflicto con mis hijas (porque ellas quieren hacer algo y yo otra cosa), preguntarme si estoy tomando una decisión por SU bien o por MI bien. Muchas veces, el panorama cambia y logro ver un poco más allá de mis narices. Es importante recordar, como padres, que les estamos

---

29.   Frase de *George Sand.*

enseñando a nuestros hijos a pensar en los demás, a ser generosos y desprendidos, a dar sin esperar nada a cambio, algo que ellos también tendrán que aplicar de vez en cuando.

Todo es un equilibrio y para ser capaces de desprendernos de toda actitud egoísta, y dejar de "mirarnos el ombligo", es preciso comenzar por amarnos y respetarnos a nosotros mismos porque luego, será mucho más fácil ir y hacer lo mismo con otra persona.

Los invito a intentarlo esta semana, ¿se animan?

21

LOS SUEÑOS NO SE HACEN REALIDAD

La posibilidad de realizar un sueño es lo
que hace que la vida sea interesante.
PAULO COELHO

Los seres humanos, sin importar la edad que tengamos, todo el tiempo estamos soñando con viajar, con comprar, con alcanzar metas, con tener una buena relación o mucho dinero, con disfrutar momentos maravillosos. En fin, soñamos muchísimo. Pero seamos honestos con nosotros mismos y admitamos que de todos estos sueños que tenemos, muy pocos se hacen realidad. ¿Se han detenido a preguntarse por qué?

Si constantemente decimos: "Yo sueño con esto...", "yo sueño con aquello...", "me encantaría que pasara...", "mi mayor deseo es que...", ¿por qué para nosotros no se convierten en realidad los sueños? Allí está el problema.

Los sueños no se hacen realidad, los HACEMOS realidad nosotros. ¿Cómo? Trabajando por ellos, buscando las oportunidades, provocándolas, permaneciendo atentos para que cuando salga la carta que estamos esperando, dar el "manotazo". Creemos que, por tratarse de sueños, nosotros deberíamos quedarnos en ese estado pasivo de soñar; ya es suficiente trabajo y desgaste (según nosotros) como para todavía tener que esforzarnos para actuar y así construir nuestros anhelos más profundos.

Hace poco tuve una de esas experiencias que "nos bajan de la moto" con un par de palabras. ¡Qué mal se siente! Y en esos segundos, porque son realmente segundos, dudé de si valía la pena o no continuar con mi idea (uno de los tantos sueños que tengo). En estos casos, siempre vienen a la mente inmediatamente mil pensamientos de "nadie me apoya", "no vale la pena", "todos la tienen contra mí", etc. Por fortuna, también vino a mi mente esta frase: *los sueños se caen si nosotros los soltamos.* Y vaya si me ayudó. Me aferré más duro a mi idea y entendí que esas situaciones son como cuando sopla viento fuerte, es necesario sostener el sombrero para que no se vuele pero podemos seguir caminando una vez que este pasa.

Con qué facilidad soltamos algo que nos importa, y cedemos a otros la decisión de continuar o no luchando por nuestros sueños o nuestros deseos. Cada vez que alguien nos dice un "no", creemos que estamos en la obligación de desistir inmediatamente de aquello que queremos alcanzar y muchas veces (me atrevería a decir que la mayoría), lo soltamos y todo queda como un buen recuerdo, como ese sueño que tuvimos y no "se concretó". O, lo que es peor, le echamos la culpa a alguien más por aquello que no logramos y lo usamos como excusa para permanecer pasivos.

Entiendo que es natural que soltemos un sueño tan fácilmente. No soltar implica mantener un esfuerzo constante en modificar nuestra situación actual, y es mucho más sencillo permanecer en nuestra zona cómoda (aunque esta no sea de nuestro agrado). Después de todo, es lo que conocemos y manejamos medianamente bien; es por ello que, de manera inconsciente, preferimos mantenernos allí en las mismas condiciones, soñando solamente en lo que nos gustaría hacer o lograr. Por eso, muchas veces optamos por comprometernos con el sueño de otra persona, al fin y al cabo no será nuestra la frustración ni la responsabilidad en caso de que no se llegue a cumplir.

Pero lo cierto es que nosotros, y solo nosotros, somos los responsables de realizar nuestros sueños y no soltarlos. Y, como dice Coelho, los sueños hacen nuestra vida interesante, son como ese condimento especial en una comida que de otra manera resultaría insípida y aburrida. Los sueños y, sobre todo, la posibilidad de realizarlos, nos inyectan pasión y el deseo de vivir en plenitud cada momento que todos nos merecemos.

....

Un hombre que no se alimenta de sus sueños envejece pronto.[30]

....

Pero recuerden, como un jarrón chino valiosísimo que toman entre sus manos, cada sueño de ustedes se romperá y dejará de existir si USTEDES MISMOS deciden soltarlo. ¿Qué tan dispuestos están a perseverar y accionar por sus sueños? ¡Les aseguro que vale la pena!

Si hablamos de "nuestros sueños" es porque somos los protagonistas de ellos. Entonces, asumamos el papel con compromiso. No

---

30. Frase de *William Shakespeare.*

es magia ni buena suerte, es perseverancia y trabajo. Como dijo George Bernard Shaw: *Ves cosas y dices: "¿Por qué?". Pero yo sueño cosas que nunca fueron y digo: "¿Por qué no?".*

Una vez más, los sueños NO se "hacen" realidad, los HACEMOS realidad nosotros.

¡Les deseo muchos éxitos en el camino a la cima!

22

¿QUIÉN ES EL CONTAGIOSO?

El mundo pertenece a los optimistas; los
pesimistas son meros espectadores.
DWIGHT EISENHOWER

Ayer tuve la posibilidad de compartir con un lindo grupo de mujeres dentro de un programa de liderazgo de la *Asociación de Gerentes de Guatemala*. Durante una hora conversamos sobre el motor detrás del éxito, y cómo nuestras creencias y actitudes definen mucho de lo que somos y lo que obtenemos en la vida (por no decir todo).

Al finalizar mi charla hubo un segmento de preguntas y respuestas y una de ellas fue la siguiente: ¿qué podemos hacer cuando nosotros procuramos una actitud positiva y de repente alguien nos contagia con su negativismo? Pero yo me pregunto: ¿nos contagia o nos dejamos contagiar?

¿Qué tan "contagiables" somos? ¿Lo han pensado?

Recuerdo una analogía que compartieron conmigo hace tiempo: si alguien llega para darnos un regalo y al ofrecérnoslo nosotros decidimos no recibirlo, ¿qué ocurre con el regalo? ¿Sigue siendo nuestro, o la persona se tiene que regresar con él?

Cuando alguien les lanza un insulto, ¿qué hacen con él? ¿Lo aceptan y creen lo que les dijeron? ¿Reciben el "regalito", o simplemente no lo reciben? Si bien sabemos que no todo lo que nos dicen es cierto, parece que a la hora de escuchar algo negativo lo tomamos como válido, lo aceptamos sin chistar (aunque nada más sea en nuestra mente). Entonces vuelvo a la pregunta: ¿qué tan "contagiables" somos?

Si las demás personas, con un comentario, con una actitud o con su forma de ser, modifican nuestro estado de ánimo es porque nosotros lo estamos permitiendo. Tal vez sea porque algo que el otro hace o dice coincide con una creencia personal. Sé que no es del todo fácil comenzar a ser dueños de nuestras reacciones ante aquello que pueda tocar nuestras fibras más delicadas: una mala cara, un mal comentario, una situación adversa, una injusticia, un trato injusto. Pero una vez más, somos NOSOTROS, y nadie más, quienes decidimos si aceptamos el "regalito" o no.

A respirar profundo amigos, a tomar esas situaciones que nos hacen tambalear y a transformarlas en lo que anhelamos (y merecemos) vivir y en cómo deseamos mantenernos durante todo el día y toda la vida: positivos, optimistas, decididos, seguros y poderosos. Yo quiero ser así todo el tiempo, ¿y ustedes?

Muchas personas prefieren reaccionar mal con la excusa de haberse contagiado de la misma energía que han recibido o, más bien, que otros les han lanzado: enojarse, maldecir, volverse negativos, cruzar los brazos, fruncir el ceño y picarse el hígado. Pero lo cierto es que siempre tenemos la opción de no aceptar todo aquello que nos arrojan a diario, venga de quien venga.

El reto está en ponerle un límite a esas actitudes, a esas personas, a esas situaciones que no aportan nada útil a nuestra vida, que no suman, que no nos hacen crecer ni ser mejores.

¿No les parece que quien está todo el día regalando malas caras, palabras negativas, dificultades, tropiezos y demás es la persona que realmente tiene un problema? Aprendamos a ver la situación tal cual es y a pensar que algo debe estar viviendo esta persona, alguna situación le debe estar pesando sobre sus hombros y quiere repartirla entre todos. Y seguramente lo hará entre quienes lo acepten y le sigan el juego.

Pero más allá de aprender a no aceptar esos "regalos" negativos, necesitamos transformarnos nosotros mismos en "repartidores" de buena actitud, de positivismo, de proactividad, de entusiasmo. "...una de las más grandes necesidades humanas de nuestro tiempo es un arma para pelear la mediocridad, una que nos enseñe a utilizar nuestro deseo y vitalidad, y las fuerzas creativas que están profundamente relegadas en nosotros. Lo que necesitamos desesperadamente es la capacidad para ejercitar el entusiasmo. (...) El entusiasmo puede verdaderamente hacer la diferencia".[31]

¡El desafío más grande que tenemos es ser nosotros los contagiosos!

---

31.   Norman V. Peale, *Entusiasmo, la fuerza que hace la diferencia*, Editorial Peniel, 2004.

23

SI ME MUERO

*Hay dos maneras de vivir tu vida: una como si nada
es un milagro, la otra como si todo es un milagro.*
ALBERT EINSTEIN

¿Alguna vez han escuchado eso de que cuando alguien muere, flota por algunos instantes en el lugar donde falleció, contemplando la escena, a sus seres queridos, su casa, sus amigos, los espacios más familiares para quien ha partido? Es como si, de alguna manera, pasara por allí para despedirse. Eso me pasó a mí...

Reformulo la última oración. Realmente no me morí, sino que por un instante y por alguna razón, un día en la tarde mientras estaba sentada en el sillón viendo jugar a Carlos, mi esposo, con Fernanda, nuestra hija mayor, se me cruzó por la mente esa idea: salir de mí misma (de mi cuerpo físico) y observar la escena como si yo no estuviera presente; sin ser vista por los demás, estar allí secretamente observándolos y disfrutándolos, como si me hubiera muerto. Ante esa perspectiva, de repente todo cambió.

No solo los vi a ellos, vi la olvidada maceta con flores que adorna la esquina de la sala, escuché las risas de mi Fer más sonoras y melodiosas que nunca, el ambiente simple pero acogedor de mi casa, los balbuceos acompañando los grandes ojos exploradores de mi Belén y sus movimientos arrítmicos adorables, el sonido del viento en las ventanas y el vaivén de los arbustos y árboles afuera. Todo tomó otra dimensión. Es interesante que un ejercicio tan simple pueda hacernos ver las cosas desde otro ángulo, con otros ojos, pero sobre todo: con otro corazón.

Me impresionó el hecho de que todas las cosas adquieren un valor mucho mayor, como si las extrañara, como si no las tuviera o no las pudiera tocar, como si no me fuera permitido intervenir ni hacer valer mi presencia, como si ya no formara parte del momento, ni de sus vidas, ni de nada... solo era una observadora. En lugar de entrar en crisis o sentir tristeza, surgió en mí un inmenso sentimiento de agradecimiento. Comencé a sentirme agradecida por la vida que tengo (y que tantas veces pasa desapercibida en mi conciencia); por tener los tesoros más grandes que Dios pudo darme: mi familia; por la belleza de la naturaleza, por muy insignificante o muy simple que parezca ante la mirada diaria de todos nosotros. Porque si bien estaba haciendo este ejercicio revelador, también era totalmente consciente de que sí tengo todo eso de verdad, de que estoy viva, de que no es tarde aún para aprovecharlo, amarlo y disfrutar cada pequeño detalle que me rodea.

Según Amy E. Dean "la gratitud es aminorar el paso, abrir los sentidos al mundo que nos rodea, y sentir el efecto de esa *percepción consciente* (énfasis mío) en nuestros sentimientos y sensaciones y en el modo de vivir el siguiente momento de nuestra vida".[32] ¡Qué gran verdad!

He repetido el ejercicio unas cuantas veces y me ha servido para relajarme en muchos aspectos en los que solemos ser aprensivos, para distender mis hombros y relajar el ceño, para soltar la cuerda tan tensa de mis pensamientos y mis pendientes (¡y vaya si cuesta!) y dedicarme simplemente a observar en silencio, a vivir en el "ahora", como si no existiera el pasado ni el futuro.

Me permito a menudo ser inundada por el agradecimiento y la emoción por lo inmensamente dichosa que soy de estar viva hoy, de poder disfrutar de todo lo que tengo, aun de las cosas más simples: el juego de mis hijas, sus carcajadas, los ojos de mi amadísimo esposo, las reuniones familiares, mis padres y mis hermanas, mis buenos amigos, mis jacarandas consentidas vestidas de violeta, el clima espectacular de mi Guatemala, el canto privilegiado de las aves que todavía es posible escuchar a media ciudad y tantas cosas más a través de las cuales descubrí que es un regalo el poder estar muerta para regresar a la vida, ¡pero con más deseos de vivirla!

Estoy de acuerdo con Facundo Cabral cuando dijo: "Nacemos para vivir, por eso el capital más importante que tenemos es el tiempo, es tan corto nuestro paso por este planeta que es una pésima idea no gozar cada paso y cada instante, con el favor de una mente que no tiene límites y un corazón que puede amar mucho más de lo que suponemos."

Descubrí que si me muero (aunque sea por un instante), entonces ¡me siento más viva!

¡Ojalá vivas todos los días de tu vida![33]

---

32. Louise L. Hay, *Gratitud*, (con la colaboración de sus amigos), Editorial Urano, 1997.
33. Frase de *Jonathan Swift.*

24

TODO VUELVE

*No juzgues el día por la cosecha que has recogido,
sino por las semillas que has plantado.*
ROBERT LOUIS STEVENSON

Seguramente han escuchado eso de que "todo regresa en la vida",
o que "la vida es una rueda". Y es cierto. Para algunos esta ley de
acción y reacción o de *siembra y cosecha* es inmediata; mientras que
para otros tarda un poquito más, pero pueden estar seguros de
que siempre llega. El Universo funciona a la perfección: todo lo
que soltamos (en forma de pensamiento, palabra o acción) vuelve
a nosotros, tarde o temprano.

Ayer fui al supermercado con mi bebé "a canguro" y estuve,
como todos hacemos, paseando por los corredores mientras em-
pujaba el carrito y lo llenaba de todo lo que ya no tenía en casa.
Al llegar a la caja, mi lindísima Belén iba más que arrullada por el
vaivén de mis pasos y estaba cabeceando y cerrando sus hermosos

ojitos. Inmediatamente lo que hice fue cambiarla de posición: de estar viendo al frente la giré e hice que quedara viendo hacia mí, así se podría recostar en mi pecho mientras yo terminaba de sacar las cosas del carrito, pagar y empacar.

De pronto, una señora que trabaja en este lugar llegó corriendo y me dijo: "Señora, ¿desea que yo le saque sus cosas del carrito?". Le agradecí y ambas terminamos de hacer la tarea. Luego se movilizó rápidamente hasta el otro extremo y exclamó: "No se preocupe, yo se lo empaco, usted abrace a su bebé". Sentí alivio. Efectivamente, cargar a un bebé por delante no es la forma más práctica de empacar la compra del supermercado. Ella terminó su tarea enseguida, y de buena gana, y me volvió a ofrecer: "La llevo a su carro, no se preocupe". Le agradecí. Y una vez más al llegar al vehículo dijo: "Usted siente a su bebé y yo me encargo de guardarle todo". Así lo hice y al finalizar ella, con una gran sonrisa, se despidió: "Ya está señora, que le vaya muy bien", y empezó a alejarse con el carrito vacío. "Espere", logré gritar, le quiero dar algo en agradecimiento" (refiriéndome, por supuesto, a dinero). "No, no lo hice con esa intención", me respondió sonriente y amorosa.

Lección del día: ¿alguna vez han tenido un detalle con otra persona por el simple hecho de tener la intención de ser de utilidad, sin esperar absolutamente nada a cambio? Es probable que esta mujer ya tenga hijos, por ese motivo fue capaz de entender mi dificultad y mi necesidad de ayuda, y eso la impulsó a ofrecerla con la mejor actitud, no por obligación ni por imposición, sino de corazón.

Lo que esta preciosa señora no sabe es lo que dejó sembrado en mí: la inquietud de estar atenta a los momentos en que yo pueda devolver el favor, tal vez no a ella pero a alguien más que en ese momento lo necesite y lo agradezca de igual forma, para luego pasarlo a otra persona. Una "cadena de favores", como la historia de esa bella película de igual nombre.

Ese es el poder del *agradecimiento* y de las *buenas intenciones*: se multiplican. Comprobé una vez más aquello sobre lo que ya he escrito antes: cómo los pequeños detalles (esos que solemos pasar por alto debido a nuestras muchas ocupaciones) nos hacen la vida más fácil y nos permiten disfrutar más de cada momento.

Sigan el consejo de Jesús: *hagan a los demás lo que les gustaría que ellos hicieran con ustedes.* No tienen idea de cómo ni cuándo esos "pequeños grandes favores", esos detalles, regresarán a ustedes de la manera menos esperada, pero tal vez cuando más lo necesiten.

Me encanta pensar que este lindo gesto que una persona tuvo hacia mí es la colita del boomerang que en algún momento le lancé a alguien más. Así que sigan lanzando su boomerang, porque tarde o temprano volverá. ¡Espero que vuelva pronto! Cada uno cosechará lo que haya sembrado.[34]

---

34.   Frase de *La Biblia*, Traducción en Lenguaje Actual.

25

SE PEGA

Nosotros tenemos que ser el cambio
que queremos ver en el mundo.

GANDHI

Dice el dicho que "el que entre miel anda, algo se le pega". Gene-ralmente lo pensamos y lo atribuimos a cosas negativas de alguien porque, además, es cierto. Esta frase la utilizamos mucho para referirnos a las conductas desagradables de otras personas que se nos pueden "pegar", o contagiar, fácilmente. Pero hoy me quiero referir también al otro extremo, que es el que casi nunca procura-mos o nos planteamos.

¿Conocen a alguna persona que habla mal, que es negativa, que tiene su vida llena de problemas sin resolver y que solo se queja, que nunca logra hacer nada, a quien las cosas le salen mal y culpa a todo el mundo, que es incapaz de poner buena cara en el trabajo, que no le gusta lo que hace, con quien la vida es injusta (en su propia opinión), que vive criticando a la gente por cualquier razón: que si muy gordo, que si muy flaco, que si ignorante, que si rico, que si pobre, que la nariz, que los zapatos, que la forma de hablar, que el pelo, que su prima, que su abuelo, etc.? Todos conocemos a alguien así, ¿o me equivoco?

Me pregunto: ¿es fácil ser "amigo" de una persona con estas características, vernos con frecuencia, intercambiar opiniones y experiencias? Porque si es así, estoy segura de que al final de cada encuentro salimos contaminados, un poco más negativos, aprendemos a entrar en su juego de crítica y pesimismo y lo acompañamos, y hasta reforzamos sus desgracias. Es más, ¡hasta vemos las nuestras! ¿Les ha pasado?

¿Pero qué ocurre si nos proponemos hacer todo lo contrario? No me refiero a contagiar a nuestro "amigo (o nuestra amiga) nube negra" de alegría, flores y sol… ¡aunque no sería mala idea! Me refiero a empezar a buscar, y a pegarnos, a quienes son seres positivos, con ganas de trabajar, de superarse, de vivir a pleno, de encontrar siempre soluciones a sus obstáculos. Esa clase de personas que siempre sonríen, que disfrutan de las cosas simples y están dispuestas todo el tiempo a hallar nuevas oportunidades. Ellos tienen la mente abierta y un corazón generoso, además de una actitud inquebrantable ante la vida, cualquiera sea la situación que les toque vivir. ¿Conocen a alguien así? Estoy segura de que sí. ¿Qué concepto tienen de esa persona? ¿La ven inalcanzable y la admiran o se dedican a criticarla y se alejan de ella?

Todos queremos ser mejores, vivir felices, ser capaces de lograr aquello que nos proponemos, ser exitosos, reconocidos, admirados, líderes en nuestra familia, en nuestro trabajo o en nuestra sociedad. Entonces, pregunto yo, ¿qué estamos haciendo para lograrlo? ¿Nos creemos víctimas impotentes frente a un destino que nos ha sido impuesto, o estamos determinados a accionar cada día para ir en busca de "lo mejor" para nosotros?

Cuando estamos dispuestos a rodearnos de gente excelente, nos obligamos de alguna manera a serlo también. Cuando estamos en compañía de personas que son positivas, optimistas y trabajadoras, ellas nos desafían a transformar nuestros pensamientos y actitudes negativas en algo mucho más provechoso. Y lo cierto es que cuando comenzamos por cambiar nuestra manera de pensar y llenamos nuestra mente de pensamientos buenos, de ideas nobles y verdaderas (los pensamientos son solo ideas), también somos testigos de cómo se modifican nuestras circunstancias, a veces sin que ni siquiera hagamos nada para lograrlo.

....

Cuando cambias la forma de ver las cosas, las cosas cambian la forma en que se ven.[35]

....

Pero, ¿cómo nos acercamos a ellos si no son de nuestro círculo inmediato? ¡Simplemente haciéndolo! Empecemos poco a poco a estar más cerca de quienes nos pueden impulsar a ser mejores personas. Ellos no producirán el cambio en nosotros, pero sí podrán inspirarnos a modificar aquellas cosas que nosotros decidamos. Al fin y al cabo los únicos dueños de nuestro futuro somos nosotros mismos. Ya lo dijo Séneca: "El hombre más poderoso del mundo es el que se domina a sí mismo".

Les dejo la frase con la que comencé el capítulo para que la piensen: El que entre miel anda, algo se le pega.

---

35. Frase de *Wayne Dyer*.

26

TERREMOTO INTERNO

Sin crisis no hay méritos. Es en la crisis donde aflora lo mejor de cada uno, porque sin crisis todo viento es caricia.
ALBERT EINSTEIN

En esta era de las comunicaciones instantáneas, tenemos la posibilidad de ver una y otra vez las terribles imágenes de las secuelas de terremotos en diferentes partes del mundo, como el de Chile, el de Haití, el de Japón (seguido además por un tsunami) y recientemente el de mi Guatemala. ¿Qué cosas destruye un terremoto? Por lo general, y dependiendo de la intensidad del mismo, afecta casas, edificios, plantaciones, vidas (¡por supuesto!), calles, árboles, naturaleza, playas… y la lista podría continuar. Pero hoy quisiera hablarles de otro tipo de "desastres", esas crisis que muchas veces vivimos y nos afectan muy de cerca: *nuestros propios terremotos y tsunamis.*

Empezaré diciendo que a todos, en algún momento de nuestra

vida, nos ha tocado (o nos tocará) atravesar algún acontecimiento que nos haga sentir que se nos mueve el suelo, que resquebraje nuestras estructuras, que arranque y arrastre nuestras emociones, que nos arrebate personas, lugares, cosas muy preciadas, que deje a su paso desolación, incertidumbre, miedo y la sensación de haberlo perdido todo. Esas son las situaciones que realmente nos ponen a prueba en la vida, tales como una enfermedad, propia o de un ser querido, la muerte de una persona que amamos, un divorcio, la pérdida de un empleo, de una posición económica o de bienes materiales que, tal vez, nos brindaban seguridad.

"Del tamaño del sapo es la pedrada", reza el dicho. Pero recordemos que nosotros no somos el sapo, ¡somos la pedrada! Aprendamos a ver al sapo como esos momentos desagradables que se nos presentan en la vida y la pedrada como la acción que necesitamos emprender para enfrentarlos. Me parece que esta frase se suele malinterpretar. Creemos que la pedrada son los "golpes" que cada tanto nos da la vida, por lo que nos colocamos nosotros en la posición de sapos. ¡Es al revés! El sapo es la situación difícil y la pedrada que lo ahuyentará somos nosotros. ¿Alguna vez se han detenido a pensarlo de esa manera?

Si aceptamos esto como una verdad, seguramente nos daremos cuenta de que existe en nuestro interior la fuerza suficiente, pero desconocida por muchos, para sobreponernos a cualquier terremoto que nos pueda llegar a sacudir. Porque cualquier cosa que pase en la vida, aunque sea externa y parezca terrible, como todos estos terremotos que nos han impresionado tanto, nunca podrá arrebatarnos la capacidad que tenemos dentro de nosotros y con la cual vinimos a este mundo. Esta capacidad que se encuentra en forma de semillita está allí pero, la mayoría de las veces, ni nosotros mismos creemos que existe y es la fortaleza que tenemos para seguir adelante. Para muchas personas, será la situación difícil que les toque atravesar la que servirá como un disparador para descubrir esa fuerza interior que todos los seres humanos llevamos adentro.

El problema se agrava, creo yo, cuando nos creemos débiles y nos lo repetimos una y otra vez, casi como un mantra: "No puedo, no soy capaz, eso yo no sé hacerlo, no me sale bien, no creo que pueda aprenderlo...", etc., etc. ¿Por qué lo hacemos? Seguramente porque alguien más, cercano a nosotros, nos lo ha hecho creer y asumimos esa creencia sin atrevernos nunca a cuestionarla con el paso de los años.

Nadie puede determinar que un terremoto sea más fuerte que otro, en el plano emocional y mental no existe medición Richter para hacerlo, cada uno sabe la escala de su temblor interno. Pero sepamos que por muy duras que sean las circunstancias que estamos viviendo, estas nunca nos arrebatarán la fuerza interior para sobreponernos, la inteligencia para encontrar salidas y alternativas, la voluntad para seguir adelante, la fe para saber que tarde o temprano pasarán y la sabiduría para entender que estas sacudidas traen consigo grandes lecciones y maravillosas oportunidades de crecimiento. Para aquel que sabe "mirar", hay oportunidades en todas partes, sobre todo allí donde los demás no las ven. Ya lo dijo Winston Churchill: "No te rías de la tontería de los demás. ¡Puede representar una oportunidad para ti!".

Si todo se destruye, podemos resurgir, crear algo nuevo, darnos cuenta de que no estamos solos, de que la ayuda siempre llega en el momento que la necesitamos y, sobre todo, de que a pesar de sentir que lo hemos perdido todo, aún tenemos vida y fuerza para continuar "a pesar de". Con eso lo tenemos todo, si solo nos permitimos verlo de esa forma. Se trata de ver la vida con otro tipo de anteojos, no con una mirada de pérdida sino de ganancia. Esta actitud ganadora hace que todo sea más sencillo y le quita ese "manto de tragedia" a las dificultades y las pérdidas. Nos impulsa además a desarrollar y poner en acción ese potencial que estaba dormido y fue despertado por la crisis. Lo que para algunos puede ser el final, para otros es el comienzo de una gran transformación.

Si están atravesando, justo en este momento, una catástrofe interna que parece querer llevárselo todo, mi mejor energía y mis pensamientos son para ustedes.

Recuerden: ¡nada nos debilita sino que nos hace más fuertes! ¡Tengan ánimo!

27

MI MEJOR VERSIÓN

Siempre sueña y apunta más alto de
lo que sabes que puedes lograr.
WILLIAM FAULKNER

En estos tiempos que corren, siempre estamos intentando obtener las últimas versiones de programas para nuestra computadora, la última versión del celular, la última versión del automóvil, la última versión de la gran noticia... y así podríamos continuar por horas. Sin embargo, me pregunto y les pregunto a ustedes también: *¿nos preocupamos por obtener la última versión de nosotros mismos?; ¿nos esforzamos por convertirnos en todo aquello que podemos llegar a ser, o nos conformamos con lo que hemos logrado hasta ahora y creemos que ya no hay nada más para nosotros?*

Este es el reto con el que nos encontramos a diario en las diferentes esferas en las que vivimos y nos movemos: ser la mejor versión con mi familia, con mis compañeros de trabajo, cuando conduzco mi carro, cuando voy de compras al supermercado, cuando camino por la calle, en el banco, en una reunión o en una conversación con amigos.

Surge entonces la pregunta: ¿cómo hacer para poder ser nuestra mejor versión todo el tiempo? Lo primero es detectar esos momentos en los que no estamos motivados, cuando la estamos pasando mal, cuando estamos aburridos o cuando tan solo estamos por estar en algún lugar. Eso suena bastante fácil, la parte más complicada es no quedar atrapados por las emociones y pensamientos que nos mantienen cautivos en esas situaciones y, en cambio, enfocarnos en encontrar las actitudes que nos ayuden a encontrar y disfrutar nuestra mejor esencia, nuestro "verdadero ser", ese potencial con el que hemos nacido y aún no hemos dado a luz.

··

Tú creas tus pensamientos, tus pensamientos crean tus ideas y tus ideas crean tu realidad.[36]

··

Pero no solamente en situaciones incómodas deberíamos buscar el cambio, también sería bueno hacerlo cuando realizamos nuestro trabajo diario, cuando regresamos a casa a hacer lo mismo de siempre, cuando un amigo nos comparte su problema y lo estamos escuchando a medias, cuando nuestros hijos quieren jugar con nosotros y estamos pegados al celular o a la computadora, cuando nos encontramos viajando en horas pico y en cualquier otro momento.

Recuerden, lo que hay que hacer es preguntarse a uno mismo:

---

36.   Anónimo.

¿soy mi mejor versión en este momento? Y después de ser honestos con nosotros mismos plantearnos qué más podríamos hacer para sentirnos realmente satisfechos con lo que somos en este preciso instante, rodeados de estas personas y en estas circunstancias. Y el paso final es... ¡hacerlo! No estamos llamados a ser "el mejor o la mejor del mundo" en lo que hagamos, sino a ser todo lo mejor que seamos capaces de ser: la mejor mamá, el mejor papá, la mejor pareja, el mejor hermano, la mejor amiga. Pero debido a tantas frases negativas que nos han repetido desde que nacimos, necesitamos "vernos capaces" en nuestro ser interior. Quitemos de nuestra mente toda imagen negativa y comencemos a vernos capaces de ser un poco mejor y subir un escalón cada día. Es un compromiso con nosotros mismos.

He descubierto que, muchas veces, me doy el lujo de vivir a medias y hacerme la pregunta: ¿qué debería estar haciendo ahora para disfrutar de lo mejor de mí misma en esta situación? Esta me impulsa a cambiar, a mejorar y a sentir que estoy viviendo de verdad y "sacándole el jugo" al momento presente y a quienes tengo hoy a mi alrededor. Es decir, que estoy ubicada en el "aquí y ahora", lo cual siempre nos brinda una sensación de bienestar ya que aleja nuestra mente de los problemas y nos enfoca en lo verdadero, en aquello que realmente vale la pena.

Crear el hábito de cuestionarnos de esta manera no es criticarnos constantemente. Sino más bien proponernos un nuevo enfoque que nos permita aprovechar al máximo cada instante que el universo nos regala, estemos donde estemos y hagamos lo que hagamos. En eso consiste el vivir en plenitud y disfrutar de verdad de este maravilloso don que nos ha sido dado: *nosotros mismos.*

Hay capacidades, habilidades, dones, talentos que se encuentran en forma de semillas en nuestro interior y que necesitan nacer, crecer, multiplicarse hasta que alcancemos el éxito y la "ganancia", y no me refiero solo a la parte económica sino en todas las áreas de nuestra vida. Nacimos para ganar, para disfrutar y para ser cabeza en todo lo que hagamos, no nos conformemos con menos de lo que nos merecemos, no regalemos ni cedamos nuestra parte a nadie.

El lugar que ocupamos en el mundo es nuestro y de nadie más, por eso no lo entreguemos, exprimámoslo y así obtengamos todo lo mejor que la vida tiene para darnos.

¡Esperemos siempre lo mejor, y demos siempre la mejor versión de nosotros mismos!

28

NUNCA DEJES DE BRILLAR

*Una sola es la luz del sol, aunque la obstaculicen
muros, montes, incontables impedimentos.*
MARCO AURELIO

¿Alguna vez alguien trató de hacerlos sentir menos? Tal vez alguien, conocido o desconocido, los hizo sentir mal por cualquier razón absurda e ilógica, porque no coincidían con sus expectativas, con sus parámetros o con su forma de ver el mundo. ¿Tuvieron en alguna oportunidad la sensación de que alguien estaba intentando apagar su brillo? ¡Yo sí!

Soy testigo, una y otra vez, de cómo algunas personas se detienen en la vida por aceptar, sin chistar, la larga lista de razones que les dan para creer que realmente son ellos los que están mal, los que están en falta, los que incumplen, los inútiles, los que están fuera de lugar. Casi me atrevería a decir que todos, en algún momento, aceptamos participar de ese jueguito. Y lo peor es que en muchas ocasiones esta descalificación la recibimos por parte de personas que "supuestamente nos quieren". ¡Cómo sería si no nos quisieran!

Cada vez que recibimos este tipo de agresiones (porque eso son a la larga: algo que agrede nuestro ser más profundo y el concepto que tenemos de nosotros mismos), estas nos roban la energía, la paz y la capacidad de dar el 100% de nosotros. Sucede entonces todo lo contrario de lo que la persona que ofende espera: si en casa nos dicen algo como "no sirves para nada" o "no haces nada bien", lo más seguro es que no sintamos ganas de hacer nada por el otro, ¿cierto? Si en el trabajo nos quieren hacer "reaccionar" pero el mensaje llega con malos tratos o con desprecios, lo que menos ocurrirá es que funcionemos bien y estemos motivados para realizar nuestra tarea.

Recientemente viví una de esas experiencias. Mientras escuchaba la cantaleta, intenté pensar en las razones por las cuales la otra persona me estaba hablando de esa manera. Sabía que atravesaba por un momento delicado y también que esta persona suele sentir con facilidad que es una agresión hacia ella cuando las cosas no salen tal como las ha pedido, suele malinterpretar el mensaje y lo toma como algo personal (creo que es el común denominador de quienes tienen esta forma de comportarse). Pero a pesar de que intenté mantenerme al margen de sus emociones y no involucrarme en ellas, ¡no pude! Caí en su juego y mentalmente empecé a enojarme y a sentir que no podía responder nada acertado en ese momento. Y no logré hacerlo: le devolví varios de sus argumentos y finalmente me quedé con esa horrible sensación de haber perdido. ¿Les ha pasado? ¡Es horrible!

Molière dijo: "Las cosas no valen sino lo que se las hace valer". Pero nosotros no somos cosas, somos seres humanos que valemos simplemente por el hecho de ser. El único que tiene la verdadera dimensión de cuánto valemos es Dios. Así que vayan imaginando cuánto valen realmente. He aprendido, y lo sigo sosteniendo, que nadie puede quitarnos el brillo, ese valor interno que no depende de nuestra apariencia ni de nuestras posesiones. Aunque muchos se empeñen en hacernos creer que si no es bajo sus parámetros, no podemos brillar, recordemos que nuestra grandeza interior (todo aquello que nos distingue y nos hace únicos y especiales) no depende de los demás. Por eso, comencemos por reconocer nuestro propio sentido de valía, aunque nadie más parezca hacerlo, y defendamos aquello que nos pertenece y nadie puede controlar, excepto nosotros.

Logré pensar en ese momento lo que he escrito en más de una ocasión: "Nadie puede quitarnos el brillo que por naturaleza nos pertenece; pero muchas veces lo cedemos voluntariamente". Así que respiré profundo y recordé que, al igual que las luciérnagas, el brillar o no hacerlo depende solo de mí y me enfoqué en no permitir que el enojo y la frustración se apoderaran de mí por ese incidente pensando: "¿A quién le corresponde decidir si puedo, si debo y si soy capaz de brillar?". La respuesta es: ¡SIEMPRE A MÍ!

Mis queridísimos amigos, nadie tiene el derecho de opacar nuestro brillo, nuestro valor, la grandeza que todos los seres humanos llevamos adentro, y ninguna razón es lo suficientemente válida para justificar que alguien pase sobre nosotros haciéndonos sentir menos. No hay excusa que valga para ese tipo de comportamiento, por mucho que esa persona haya sufrido en la vida, o simplemente porque hoy tiene un mal día.

Cedemos nuestro brillo (aquellas capacidades y talentos con los que fuimos creados) ante personas que no lo valoran y lo descuidan. Creo que ya es tiempo de soltar el poder que está en nuestro ser interior y de cambiar los mensajes negativos que hemos recibido, y que hemos llegado a creer como "nuestra verdad", por ideas nuevas y verdaderas.

Tal vez, las personas nos criticarán o se burlarán de nosotros, pero somos libres para decidir cómo vamos a actuar. Nadie mejor que nosotros para cuidar esa riqueza interior infinita que nos fue dada al nacer... ¡porque el mundo merece disfrutar de ella!

29

ESOS PEQUEÑOS GRANDES MAESTROS

*Los maestros están en todas partes. Lo que se
necesitan son personas dispuestas a aprender.*
WENDELL BERRY

Como seres humanos deberíamos aprender un poco más de nuestras primeras etapas de la vida donde se revela buena parte de nuestra naturaleza. Insisto, nuestros niños, aún siendo muy pequeños, tienen grandes lecciones preparadas para nosotros que, por creernos los adultos "sabelotodos", no nos percatamos de ellas. Como mamá o papá, abuela o abuelo, tía o tío, ¿se han detenido alguna vez a observar el comportamiento de nuestros maravillosos "peques"? ¡Seguramente se habrán encontrado haciéndolo en más de una ocasión!

En estos días estuve hablando con varias amigas sobre los embarazos de personas muy queridas y algunas de nosotras, las mamás, les explicábamos a las que no han tenido hijos sobre ciertos problemas y el funcionamiento de los embarazos normales versus los que no lo son, o representan algún tipo de riesgo.

Mientras hablábamos un poco sobre la implantación del embrión y lo vital que es que se dé en un lugar seguro del útero, me vino a la mente cómo es que esos seres tan pequeñitos se aferran con fuerza para lograr sobrevivir y comenzar, desde tan microscópicos, a nutrirse y a absorber todo lo positivo que tienen las mamás para darles: sus mejores nutrientes, su calor, su protección. Y fue entonces cuando en son de broma alguien dijo por ahí: "Así deberíamos hacer todos, implantarnos con fuerza a las personas y cosas que realmente nos hacen bien y nos nutren". ¡Cuánta razón tiene!

Los invito a revisar su vida, sus amigos, la gente que los rodea, las actividades que hacen a diario, los lugares que frecuentan. Ahora les pregunto: ¿realmente es lo que los nutre como seres humanos? ¿Se sienten fortalecidos y bien nutridos cada vez que están con esas personas, en esos lugares, haciendo aquello que hacen? Si en algunas de estas preguntas la respuesta es NO, me parece que deberían detenerse un poquitín y replantearse qué pueden hacer al respecto.

Creo que no es necesario aclarar (¡pero de todas maneras lo haré!) que todos, en algún momento, nos guste o no, nos toparemos con esas personas que lo que menos hacen es sumar en nuestra vida. Todo lo contrario, ellas se encargan de robarnos vida, de intoxicarnos, de degradarnos, de debilitarnos y, sobre todo, de desenfocarnos de nuestros objetivos de manera que perdamos de vista las cosas que de verdad nos hacen bien y nos llenan de felicidad. Mi consejo cada vez que se encuentren con alguien así: huyan despavoridos. Yo sé por qué se los digo.

De regreso al ejemplo de los grandes maestros, los bebés, me detengo a pensar en mi Belén y su forma de llorar y de buscar a mamá cuando alguien extraño la tiene en sus brazos. Ella procura su propia seguridad y bienestar y lo manifiesta abiertamente hasta que logra su objetivo de sentirse feliz y segura. ¿Qué hacemos en cambio los adultos? La mayoría esperamos que todo el mundo busque y vele por nuestra comodidad, por nuestro bienestar, por nuestra felicidad, por nuestra realización. ¿Por qué?, me pregunto, si desde pequeños aprendimos a hacerlo muy bien por nosotros mismos. ¿Será que en algún momento se nos olvidó o le pasamos la batuta a alguien más?

La sabiduría de las acciones de nuestros pequeños nos da grandes lecciones. Hoy quisiera compartirles dos que, creo, son básicas para lograr ser más congruentes con nosotros mismos y, por lo tanto, más felices.

*Primera lección: *aferrarnos con todas nuestras fuerzas a lo que nos nutre de verdad, a lo que nos hace bien y nos aporta lo necesario para crecer y perfeccionarnos.*

*Segunda lección: *velar nosotros mismos por nuestra seguridad, por nuestro bienestar, por nuestra felicidad y no esperar que alguien más nos resuelva siempre la vida.*

Es paradójico que, siendo adultos, aprendamos y busquemos regresar a actuar tal cual lo hacíamos cuando éramos pequeños. Pero estoy segura de que si nos aferráramos como un bebé a lo que nos beneficia auténticamente, todos contaríamos otra historia de vida.

¡Adoro a estos pequeños grandes maestros! Ojalá todos tengamos la humildad suficiente para no dejar nunca de observarlos con atención y aprender de ellos.

30

¡NO ME LO MEREZCO!

El perdón es la fragancia que derrama la
violeta en el talón que la aplastó.
Mark Twain

Recientemente tuve la oportunidad de participar de una conferencia muy enriquecedora donde se habló de los principios y conceptos básicos del *Ho'oponopono* que, básicamente, es una antigua filosofía hawaiana la cual invita a borrar todo aquello que nos complica la existencia o, dicho de otra forma, todas esas cosas que "nos hacen sufrir" y producen un desequilibrio en nosotros. El significado de este término, en la lengua original de los hawaianos, es: *corregir un error*.

Yo no tenía mucho conocimiento sobre el tema, así que decidí darme la oportunidad de asistir pero además compartir también las reflexiones que surgen ante una charla de esta naturaleza. Así que estuve conectada a mi *twitter* y mi *facebook* comentando algunas de las cosas que iba escuchando. Para fines prácticos, transcribiré un par de esas frases publicadas ese día para poder exponer mis puntos y profundizar un poco más en ellas.

Si hablamos de "borrar cosas" podemos pensar en esos recuerdos de momentos difíciles que nos ha tocado vivir, personas que nos han herido o cosas que hemos hecho mal o hemos dejado de hacer. Todas ellas pueden convertirse en una carga que, muchas veces y sin que nos demos cuenta, llevamos en nuestro subconsciente, nos impulsa a actuar de determinada manera y nos crea conflicto. Esta filosofía trata, en parte, también sobre esos puntos pero de una manera muy peculiar.

Aquí va entonces mi primera reflexión:

Perdono porque me amo y sé que no merezco sufrir esos rencores.

¿Se han dado cuenta de cuánto nos atormentamos los seres humanos al pensar con rencor en una determinada persona? La cuestión es que, mientras lo hacemos, no somos conscientes de la cantidad de sentimientos negativos que experimentamos. Por ejemplo, estoy segura de que en más de una ocasión sentimos un nudo en el estómago, se nos ponen frías las manos, nuestro cuerpo se tensa, apretamos la mandíbula y muchas veces terminamos llorando, sin una razón aparente. ¿Sabemos con certeza lo que esto significa para nuestro cuerpo? ¿Tenemos conciencia de qué es lo que empieza a fluir por nuestra sangre, en nuestro hígado, en nuestros músculos cuando reaccionamos de esta manera? Nos estamos haciendo daño físicamente también.

Pero más allá de lo físico, lo que estamos haciendo es alimentar emocional y mentalmente sentimientos y recuerdos, que pueden incluso estar reprimidos, agregándoles más valor sentimental (negativo, por cierto), lo cual dificultará aún más la tarea de soltar y poder conseguir el tan anhelado perdón. ¡Pero somos nosotros mismos quienes nos damos la orden de no perdonar! "Esto es algo que nunca perdonaré" o "yo perdono pero nunca olvido". ¿Les suena conocido?

Cuanto más nos cuesta amarnos a nosotros mismos, más dificultad encontramos para perdonar a los demás. Lo cierto es que el perdón nos saca de la prisión del resentimiento y libera la capacidad de la autoaceptación, de la autovaloración y del amor propio (en un nivel sano) que son de vital importancia para lograr tener una vida emocional y espiritualmente equilibrada; además de un cuerpo sano, sin tantas dolencias ni achaques de todo tipo. Martin Luther King dijo: "El que es incapaz de perdonar es incapaz de amar". Creo que vale la pena dejar ir el pasado y probar el perdón, ¿verdad?

Ahora veamos el otro lado, es decir a nuestra contraparte (si fuera una persona) o la situación que tanto dolor nos provoca. ¿Le ocurre algo a la otra persona si nosotros la odiamos? ¿Siente algo en el momento en que nosotros estamos enojados recordándola? ¿O ni se entera de que nosotros estamos atravesando por un mal momento?

Duele reconocerlo, pero así es... el rencor, la falta de perdón, es un daño de una sola vía y lo peor es que es "para nosotros" y no afecta a nadie más. Así que la idea de perdonar porque me amo a mí mismo y sé que no merezco estar acarreando esa destrucción sobre mi vida es completamente cierta y, más aún, saludable. Tal vez no lo sea para los demás pero sí lo es para mí. Vale la pena intentarlo, ¿no creen?

Revisemos a quiénes aún no hemos podido perdonar, qué situación de nuestra vida todavía no hemos resuelto, qué pensamientos nos hacen enojar, odiar, llorar de cólera y, por amor a nosotros mismos y en nombre de nuestro derecho a ser felices, ¡soltémoslos ya!

Y concluyo con otra frase que publiqué ese día:

Aquel que nos hirió no es quien nos hirió en realidad, somos nosotros mismos, con el pensamiento de que nos hirieron, los que nos seguimos haciendo daño.

31

PERMÍTEME DIOS

Hay dos tipos de preocupaciones: las que tú
puedes hacer algo al respecto y las que no. No
hay que perder tiempo con las segundas.
DUKE ELLINGTON

Los invito a cerrar sus ojos y a imaginarse en una conversación donde Dios estuviera presente y alguien los pusiera a resolver un problema cualquiera. ¿Creen que serían capaces de asumir que saben más que Él y decidir resolverlo absolutamente solos?

Esta es otra de las reflexiones que escuché en la conferencia del *Ho'oponopono*:

Cuando me preocupo, le estoy diciendo a Dios: "Permíteme, que yo sí puedo con esto". En lugar de confiar que la mejor solución vendrá de Él.

Esta actitud surge de esa obsesión que los seres humanos tenemos (de alguna forma hasta me atrevería a decir que es parte de nuestra naturaleza) de querer controlarlo todo, de querer influir en todo para que el viento sople a nuestro favor. Pero no es solo a nuestro favor, sino además es "inmediatamente, de forma fácil y contundente". ¿Qué tal?

Le llamemos como le llamemos: Dios, Universo, Fuerza Suprema, Energía Universal, no importa. Todos, indistintamente de la religión que tengamos o la manera en que vivamos la espiritualidad, reconocemos que ese Ser Supremo lo sabe todo, tiene el panorama completo de lo que es perfecto para todo el mundo y ¡claro que ustedes y yo estamos incluidos! Si creemos que procedemos de Él, que Él nos diseñó y nos dio vida, podemos estar seguros de que nos conoce mejor que nadie (aun que nosotros mismos) y sabe lo que necesitamos.

De esto se desprende otra de las frases de la conferencia:

Ya es hora de darnos cuenta de que no lo sabemos todo; esto nos permite abrir nuestra mente, estar dispuestos a soltar y aprender de la situación.

¿Es posible soltar una situación y descansar en la creencia que todo se resolverá para nuestro bien? ¡Claro que sí! Para eso, es fundamental reconocer que no somos nosotros los que sabemos qué es lo perfecto y lo bueno para nosotros mismos en cada momento que nos toque vivir.

En cualquier situación que nos agobia: un problema, una persona con la que no nos llevamos bien, el futuro de nuestras relaciones o la vida de nuestros hijos, nosotros creemos (por no decir "estamos seguros") que sabemos exactamente qué es lo mejor para nosotros, qué es lo que necesitamos para ser felices, qué es lo que merecemos, qué es lo que nos conviene (a nosotros y a los demás) en cada segundo de la vida. ¿Tenemos la certeza de qué es lo mejor siempre? Y es que muchas veces lo que más nos conviene no es precisamente lo más fácil de vivir o de aceptar.

La verdad es que, por mucho que creamos saber qué es lo mejor para nuestra vida, la preocupación nunca aporta una solución; al contrario, nos impide pensar con claridad, nos agobia y hasta nos puede conducir a la depresión. La preocupación confunde nuestra mente porque nos hace concentrar exclusivamente en el problema. La preocupación no solo hace que veamos las dificultades en una dimensión mucho mayor, también nos aísla de la gente ya que una y otra vez vuelve nuestra mirada sobre nosotros mismos. En resumen, ¡la preocupación es inútil!

Algunos dirán: "Pero dejar todo en Sus manos y no preocuparnos por nada es como dejar de hacer cosas y que Él se encargue de todo, yo ya no muevo un dedo". ¡Noooo! Tampoco se trata de ser pasivos y esperar que alguien más se ocupe de nuestros asuntos. Se trata más bien de vivir nuestra vida de la mejor manera, proponiendo, buscando, disfrutando, creciendo... PERO si las cosas no salen como nosotros esperamos (o creemos que deberían suceder), CONFIEMOS (aquí está el reto) en que eso es lo mejor que puede estar pasando en ese momento en beneficio de nuestro espíritu, de nuestra fortaleza, de nuestro corazón, aunque no lo entendamos en ese momento.

Cuando me preocupo, le estoy diciendo a Dios: "Permíteme, que yo sí puedo con esto". ¡Como si Él no pudiera! La verdad es que Él sí puede pero nos cuesta confiar en que la mejor solución llegará en el momento justo, relajarnos y disfrutar de nuestro paso por este mundo.

32

SIMPLEMENTE GRACIAS

Dios te ha dado un regalo de 86.400 segundos
hoy. ¿Has utilizado uno para decir gracias?
WILLIAM A. WARD

Partamos del punto en el que hemos decidido ya no cargar más con todas las cosas que cargamos a diario y, a veces, durante toda la vida: rencores y enojos por lo que nos hicieron, por lo que nos ha pasado y hasta por lo que no nos ha pasado; frustraciones porque las cosas no son como queremos o no salen como esperamos o porque las personas no son como nosotros deseamos, porque el tránsito no fluye como nos gustaría, porque la luz salió más alto de lo que habíamos proyectado, porque no tenemos el sueldo que quisiéramos, porque no respondimos a esa persona como se merecía... y así, mil cosas más.

En fin, ya hemos decidido no aceptar la carga tan fuerte que nos imponemos nosotros mismos constantemente, porque no nos conviene ni nos corresponde y somos conscientes de que merecemos ser felices, disfrutar de la vida a pleno y vivir en paz.

Pero es importante entender que vivir en paz no solo tiene que ver con perdonar, sino sobre todo con aceptar lo que sucede, reconocer quién soy y lo que valgo, creer que las cosas pasan por alguna razón y principalmente sentir agradecimiento auténtico por todo lo que vivimos, nos guste o no. Es fácil decirlo, pero ¡qué difícil puede resultar esto! ¿Agradecer por TODO lo que nos ocurre? Sí, leyeron bien.

"Si la sabiduría de mi espíritu, esa que me fue dada al nacer, eligió todo lo que me pasa y me pasará, quiere decir que todo es perfecto en mi vida y por eso... ¡GRACIAS!". Claro que cuesta entender por qué pasan muchas cosas, sobre todo si no nos favorecen; es muy difícil descifrar las lecciones que se esconden detrás de sucesos dolorosos y devastadores, y es muy humano cuestionarnos por qué. Pero es esto precisamente lo que nos roba la paz, lo que nos hace estar intranquilos, lo que nos hace sentir ese vacío en el corazón que no sabemos ni qué es ni con qué se llena, porque estamos intentando que el mundo gire a nuestro sabor y antojo. Y ya se habrán dado cuenta de que la vida no funciona así.

"Mi paz la encuentro cuando suelto y cedo protagonismo a la vida". Porque aunque cueste creerlo, las cosas sí tienen un sentido y si voy en contra de la vida porque no me está dando lo que YO quiero (o creo necesitar), estaré poniendo en juego mi paz, esa que no es posible comprar ni con todo el oro del mundo.

Una vez más, no se trata de quedarme de brazos cruzados sin hacer nada porque la vida se encargará de darme (o no) lo que necesito. Puedo confiar en que todo lo que necesito vendrá a mí y mientras espero yo propongo, yo trabajo, yo siembro porque la vida también me permite cosechar y recibir lo que he dado. PERO puede ocurrir que no me deje recibir mis lecciones o mis premios en el tiempo que YO creo que es el adecuado. Y esto es en lo que hay que confiar y por lo que debemos agradecer: simplemente porque está pasando.

El ejercicio que les propongo es el siguiente: *agradecer por todo y por todos*, sin dejar que intervenga la mente racional de si vale o no la pena agradecer, de si se merece o no que agradezcamos por eso o por él o ella, simplemente agradecer y decir: "Por esto, ¡gracias!", tratando de aceptar que, aunque no entendamos o no estemos de acuerdo con lo que está pasando, está sucediendo por alguna razón que es lo mejor para nosotros en ese momento. Quizás sea el tiempo para dejar de preguntarnos el *porqué* de algunas cosas y comenzar a preguntarnos en cambio el *para qué*. Los sorprenderá la paz que poco a poco y con la práctica empezarán a sentir en su vida y, sobre todo, en esas situaciones. ¿Se animan a intentarlo?

Thomas Secker, un clérigo inglés, dijo: "La persona que más disfruta es agradecida aun en las pequeñas cosas. Una mente agradecida es, a la vez, grande y feliz". Coincido totalmente. Crearnos el hábito de dar las gracias por todo nos brinda no solo mayor felicidad, sino también mejor salud.

Gracias, gracias, gracias... es aceptar lo que vivo, tengo, hago y soy... porque es lo que debo vivir, tener, hacer y ser... ¡simplemente gracias!

33

¿QUIÉN DIJO MIEDO?

En este mundo siempre hay peligros
para quien les tiene miedo.
GEORGE BERNARD SHAW

Hace un tiempo tuve la oportunidad de conversar, en una entrevista, con un buen amigo que trabaja mucho por ayudarnos a vivir de una forma más plena. ¡Gracias Julio Bevione por compartir tan lindas lecciones! Él no es precisamente alguien que nos da trabajo o nos regala dinero, sino alguien que realiza una tarea mucho más difícil: *conectarnos con nosotros mismos para decidir y entender que empezar a vivir plenamente depende de nosotros y de nadie más.* "¡Trilladísimo el tema, Tuti!", me podrán decir algunos. ¿Qué puedo decir?

A mí misma me sorprende que, sin importar la cantidad de veces que oiga estos buenos consejos y reflexiones, me enriquezco cada vez más. Digamos que es como cuando uno ve al corredor en medio de una maratón, ya se sabe que necesita agua para hidratarse. Pero una cosa es saberlo, y otra muy diferente es sentir cómo el líquido resbala y refresca por dentro y por fuera cuando una persona lo bebe o se lo echa encima. La experiencia siempre supera al conocimiento.

Una de las lecciones aprendidas (o recordadas) fue la siguiente:

Los miedos que tenemos y que nos paralizan para hacer cualquier cosa (empezando por vivir felices, atrevernos a buscar, a soñar y a disfrutar) están respaldados fuertemente por historias.

Lo notable es que estas historias ni siquiera existen más que en nuestra imaginación: "No me esfuerzo más porque nadie me aprecia"; "no confío en esta nueva relación porque no quiero terminar herido como la última vez"; "no empiezo mi proyecto porque no lo podré concluir ya que nadie me brinda apoyo"... y así, mil cuestiones más que nos producen temor y nos hacen desistir de nuestras metas. ¿De dónde sacamos esas conclusiones predictivas de cómo funciona y funcionará el mundo? ¿Por qué tienen tanto poder para conseguir que nos crucemos de brazos ante lo "inevitable"?

"Entonces", decía este gran amigo, "la pregunta que deberíamos formularnos para atacar el miedo por delante y de frente es: ¿qué es lo que temo que suceda?". Los animo a hacer este ejercicio: piensen en un miedo cualquiera que tengan. Ahora háganse la pregunta: ¿qué es lo que temo que suceda? Cualquier respuesta que se den a sí mismos, pongan atención y analícenla un poquitín. ¿Ese miedo existe? ¿Es real? ¿O más bien, se están anticipando a un acontecimiento del cual no tienen la certeza de que vaya a ocurrir?

He comprobado que aquellas cosas que más vida nos roban

son las que nunca llegan a suceder. Muchos de los miedos que experimentamos o sentimos no son por situaciones que hayamos vivido en carne propia, sino porque los heredamos o los aprendimos en nuestra familia. Miedo a quedarnos sin trabajo, miedo a que el dinero no nos alcance, miedo a contraer alguna enfermedad, miedo a hablar lo que realmente pensamos. En fin, miedos que nos corresponde a nosotros desafiar y que, como seres únicos y distintos que somos, no tenemos por qué atravesar. Si mi mamá tenía miedo de que mi papá se fuera con otra mujer, ¿por qué tengo yo que perseguir a mi esposo y terminar intoxicando mi relación?

Es tiempo de desafiar nuestros pensamientos y creencias erróneas. Aunque ya hayamos tenido una experiencia previa (y todos pasamos por experiencias negativas en la vida), no podemos dejarnos paralizar por lo que nuestra mente cree que puede llegar a pasar. Y aquí es fundamental aprender a ponerle freno a nuestros pensamientos que, a veces, se asemejan a un caballo desbocado que nadie puede detener. ¿Les ha pasado sentir que su cabeza estaba a punto de explotar y, aun así, no podían dejar de pensar?

Otro punto clave a tener en cuenta es: ¿me paraliza el miedo? Porque vamos a dejar algo muy en claro, las personas que consideramos valientes lo son no porque no tengan miedos, sino porque los reconocen pero no dejan que estos los paralicen. Es decir, actúan a pesar del miedo. Si yo estoy ante un nuevo reto, una nueva relación, un nuevo trabajo, o lo que sea, ¿prefiero quedarme cómodo y tímido allí donde estoy? ¿O entiendo que esa situación, por muy atemorizante que sea, es la oportunidad para escribir una nueva historia?

Así que no se sientan mal por tener miedos, quieran o no los tendrán de una u otra forma durante toda su vida porque son el sistema de alerta que se activa para avisarnos y cuidarnos de ciertas situaciones (que NOSOTROS MISMOS interpretamos como peligrosas o riesgosas).

La clave está en desenmascarar el miedo, plantarnos frente a este, cuestionarlo, desbaratarlo y tomar una decisión. Y con esta frase terminó Julio nuestra entrevista: "La acción vence al miedo".

¿Quién dijo miedo?

34

EL MIEDO SE ALIMENTA DEL MIEDO

Lo único que debemos temer es el temor mismo.
FRANKLIN ROOSEVELT

¿Qué hacemos con el miedo y los sentimientos de enojo, rencor y odio que provocan la violencia e inseguridad que vivimos y escuchamos a diario? Continúo con otra de las lecciones aprendidas de mi amigo, Julio Bevione.

Para empezar, no es ningún secreto que cuando escuchamos noticias trágicas del mundo entero, nos invaden diferentes sentimientos y emociones. Dependiendo de si son noticias de nuestro país o no, varían un poco de intensidad y provocan más o menos temor a que nos suceda algo similar, ¿verdad?

Hace un tiempo hubo una masacre en mi país: 27 personas fueron asesinadas brutalmente y en días posteriores aparecieron cuerpos en escenarios realmente escalofriantes. ¿Qué pasó en toda Guatemala? Y aún más allá: ¿qué pasó por la mente y por el corazón de los guatemaltecos? Estoy segura de que todos los que nos enteramos de la noticia hicimos algún comentario sobre lo sucedido (seguramente muy negativo) con alguien más. No era para menos. ¿Pero qué sucede mientras más y más personas se suman a esta ola de sensaciones y sentimientos negativos en contra de hechos tan condenables como este?

....

El miedo se alimenta del miedo y de esas
historias que nos contamos desde siempre.

....

Por eso, para manejar el miedo debemos entender que también las otras personas, los agresores, tienen a su vez miedos alimentados por historias que les han transmitido toda su vida. Cuando logramos entender esto, surge un sentimiento de compasión y dejamos de juzgar, razón por la cual nuestro temor empieza a desvanecerse.

Lo ejemplifico para darme a entender mejor: si tengo un continuo temor de ser asaltada y mantengo sentimientos de odio y rencor hacia los ladrones, estoy alimentando mi historia de que son malas personas, que podrían hacerme daño a mí o a mi familia, que merecen morir y otras tantas ideas. Esto continúa avivando el miedo en mí, por lo tanto me paralizo. No estoy diciendo que lo que estas personas hacen sea bueno ni tampoco justifico su accionar. Se trata de cambiar mi enfoque y entender que detrás de su conducta antisocial existe una historia, posiblemente de maltrato, de abandono, de traumas psicológicos y/o físicos, de hambre y de no sé cuántas cosas más. Tal vez logre imaginar al niño que vio cómo mataban a su papá, o cómo moría de hambre su hermanita, o cómo maltrataban a su mamá.

Vuelvo a repetir: NO estoy defendiendo su comportamiento. Lo que estoy haciendo es dejar de devolver odio por odio, violencia por violencia, rencor por rencor. Creo profundamente que así no llegamos a ningún lado, que el gran reto es ver más allá de lo que todo el mundo ve y reaccionar más allá de como reacciona la mayoría. Es tan fácil cargarse de odio y "despotricar" en contra de la gente, de la situación, del país, ¡del mundo entero!; en lugar de sobreponernos de nuestras emociones negativas y destructivas (que por cierto, a quienes destruyen es a nosotros únicamente) y elevarnos sobre ellas.

Al hacerlo, estamos arrebatándole al miedo nuestra sensación de impotencia y nuestra paralización ante cualquier persona o cosa. Y posiblemente estemos dispuestos a hacer algo para cambiar la situación en lugar de solo señalar lo malo que sucede, llenos de odio y escondidos detrás de nuestra trinchera.

"No se trata de que vayamos a abrazar al asesino y al ladrón", decía Julio (y comparto su postura), porque seguramente ellos seguirán siendo peligrosos ya que sus propias historias seguirán marcándolos. El hecho de que yo no les tenga miedo no quiere decir que cambien mágicamente. La diferencia está en que yo decido no ponerme en riesgo evitando los peligros que ya conozco, pero lo hago SIN MIEDO. Se trata de no permitir que el temor por estas personas o situaciones nos paralice y nos impida hacer las cosas buenas que deseamos hacer, comenzando por vivir nuestra vida en paz y trabajar por un mundo mejor, desde nuestro país, desde nuestra sociedad, desde nuestra ciudad, desde nuestra familia y desde nosotros mismos.

Puedo seguir repitiéndome (y creyendo) la historia de que "en mi país no se puede vivir en paz", que "en este país nada avanza", que "es mejor salir de aquí porque aquí no se puede hacer nada", que "solo aquí pasan estas cosas"... y mil frases más que decimos y escuchamos a diario, mientras seguimos paralizados por estos sentimientos sin hacer nada. O podemos elevarnos sobre el miedo, mirarlo a los ojos y no dejar que nos detenga para seguir moviéndonos, disfrutando, proponiendo y viviendo como realmente queremos hacerlo. Es imposible vivir sin que nos asalte algún temor de vez en cuando, la diferencia es si permitimos que este rija nuestra vida o no. "La acción mata el miedo", dice Julio Bevione.

Como ustedes saben, amigos, escribo de las cosas que vivo, que me tocan el alma y que a mí también, en mi recorrido por este mundo, me animan a cambiar e intentar aportar algo mejor a los demás. Y este tema me dejó pensando...

35

IMPORTANCIA A LO IMPORTANTE

El mejor legado de un padre a sus hijos
es un poco de su tiempo cada día.
León Battista Alberti

¿Les ha pasado alguna vez que con quien menos quieren quedar mal, a quien menos quieren ofender o herir es al que no se dan cuenta que se lo están haciendo? ¡A mí sí!

El martes pasado fui a recoger a mi gorda al cole y cuando llegué, quien estaba en la puerta me dijo: "Qué bueno que ya vino, pase, adelante". Como esto no es común (siempre llaman a mi Fer para que ella salga), le pregunté: "¿Y hoy por qué me hace pasar?", y me respondió muy seria y sorprendida: "Hoy es la exposición de arte para padres de familia, que comenzó a las 11". Eran las 12…

Se podrán imaginar lo que sentí en ese momento. Entré

corriendo y mientras avanzaba hacia la clase de mi princesa, las maestras me decían: "Ay qué bueno que vino, la estaba esperando y preguntó por usted". Al llegar a la clase, ya las maestras se habían organizado y la tenían con los ojos cerrados esperándome para destapárselos en cuanto yo ingresara, y así darle la "sorpresa". Se me hizo un nudo en la garganta. ¿Cómo es posible que pasara por alto algo tan importante como eso? Y no estoy hablando de la exposición, ni de sus hermosísimos dibujos, ni del colegio. Me refiero a la importancia que tiene la ilusión de mi hija por enseñarle a su mamá lo que ha hecho, presumirle de sus "obras de arte" (como ella las llama)... ¡divina!

La abracé y le pedí que me explicara cada una de sus obras, cómo las había hecho y ella, feliz, me fue enseñando y contando una a una junto a su maestra. En el lugar había otra mamá y me comentó: "Qué bueno que ya vino, la nena la estaba esperando y preguntaba por qué no venía su mami. Pero no se preocupe, con usted somos cuatro las mamás que vinimos".

Y yo pensé: "¿Solo cuatro? ¿Dónde hemos situado nuestras cosas importantes, cómo ordenamos nuestras prioridades?", (y me incluyo, que conste). No puedo juzgar las razones por las cuales las otras mamás y papás no fueron. El hecho es que a mí me dejó pensando muchas cosas. Si mi prioridad son mis hijas, ¿en qué momento me dejé invadir por mis muchas otras ocupaciones para pasar por alto u olvidarme de esos detalles pequeños, pero tan grandes e importantes?

Fue un tirón de orejas para que yo pusiera más atención en lo que realmente enriquece mi vida y, sobre todo, para recordarme el fuerte compromiso que tengo de acompañar y nutrir a mis hijas preciosas, a todo nivel.

Lo quise compartir, por muy trivial que parezca, en especial porque en esta época muchas veces en nuestros trabajos (de hombres y mujeres por igual), no se nos permite disponer libremente de nuestro tiempo para asistir a todas las actividades que quisiéramos de la vida de nuestros hijos. Pero de igual forma es un recordatorio para que no se nos olvide poner atención en aquello que realmente es importante para nosotros y permanece, aun cuando todo lo demás desaparezca.

Pretendemos que no se nos escape ni un solo detalle de nuestro trabajo, de nuestra casa, de las reuniones y compromisos que tenemos afuera, pero se nos olvida estar atentos a lo que realmente tiene valor y trasciende en nuestras vidas. Me pregunto: ¿estamos realmente tan ocupados que no tenemos tiempo para salir a dar un paseo por el parque con nuestros hijos, para llamar a un amigo por teléfono, para tomar un café con alguien que necesita ser escuchado, para conversar con nuestros padres? ¿Por qué nos cuesta tanto apartar tiempo, en esta loca carrera de la vida, para demostrarles a nuestros seres queridos que de verdad nos importan?

Creo que la solución es "hacerlo hoy", no demorarlo más ni dejarlo para mañana, para la semana que viene o cuando encuentre un lugar en mi agenda. Después de todo, cuando ya no estemos al lado de aquellos que tanto amamos, lo único que perdurará en sus mentes y en sus corazones serán los buenos recuerdos que hayamos sembrado en sus vidas.

¡Importancia a lo importante amigos!

36

TEDIOSO

*El hijo de las largas convivencias
desapasionadas es el tedio.*
WENCESLAO FERNÁNDEZ FLÓREZ

Soy de las personas que creen que cuando más tedio sentimos al realizar alguna actividad, es cuando más amor debemos poner en ella. ¿Por qué? Porque en todo lo que hacemos siempre tenemos la oportunidad de dejar una huella. Como dice el motivador John Maxwell: "Las personas más felices en la vida no son necesariamente las que *tienen* lo mejor de todo; son las que simplemente tratan de *sacar* el mejor provecho de todo".

Cualquiera de nosotros, en algún momento de la vida, ha sentido un tedio arrasador a la hora de verse a punto de hacer alguna actividad: una tarea doméstica, una reunión de trabajo, un encuentro con esa persona a la que, seamos sinceros, desearíamos no ver jamás. A mí me acaba de pasar.

Tenía programada una actividad desde hacía algún tiempo y, justo cuando me subí al carro para dirigirme al sitio donde sería, empezó mi cabeza a darme razones por las cuales no debería ir, a decirme mil cosas: como lo tedioso que era cada uno de los pasos para llegar hasta el lugar, desde la preparación hasta el tiempo que invertiría en estar allí. ¿Les ha pasado alguna vez? Realmente uno está a punto de "tirar la toalla" e inventar más de una excusa. Como uno ya va predispuesto a pasarla mal y a ver todo lo que ocurra con malos ojos, llega a "corroborar" lo mal que hizo en ir.

Pues sin llegar tan lejos, iba yo en el carro pensando en todo esto, cuando me frené en seco y me dije: "A ver Tuti, si desde ahora te predispones a pasarla mal, seguramente no vas a aportar algo positivo a tu día, a esta actividad y, ¿por qué no?, a la vida de alguien más". Así que con mayor razón, como sentía tanto tedio por tener que realizar algo que no deseaba, decidí ponerle mucho más amor y empeño para hacer todo con una mayor entrega y me regañé por un par de minutos (suelo hacerlo, debo confesar). Finalmente logré convencerme a mí misma de modificar mi actitud y llegué allí pensando en ponerle un poquito más de cariño al asunto.

Desde que entré en el lugar donde sería el evento, lo hice con alegría, meditando en la oportunidad que tenía de aportar algo a las demás personas si mantenía mi buena actitud y mi buena disposición, aunque nunca me enterara si de verdad les dejé tanto como quise darles. Mágicamente la actividad adquirió todos los colores, los matices, la fuerza y la energía que debía tener y recibí tal vez los mejores comentarios de mi participación. ¡Y todo por proponérmelo a raíz de sentir tedio al inicio!

¿Cuántas veces nos dejamos guiar por esas sensaciones que tenemos sobre un lugar, una persona, un grupo, una actividad o un compromiso? Permitimos que se disparen en nuestra mente toda clase de pensamientos negativos, lo cual hace que nos predispongamos de tal forma que la pasamos pésimamente mal. ¿El resultado? Nos aburrimos, nos ponemos de mal humor y criticamos todo lo que vemos, convenciéndonos de que no fue la mejor decisión haber ido o empezar a conversar con esa persona.

Una vez más amigos, cuando sintamos el deseo de salir corriendo ante la perspectiva de alguna actividad a realizar (y con mayor razón si esta tiene que ver con otra persona), respiremos profundo, contemos hasta diez y comencémosla con amor y entusiasmo, intentando poner lo mejor de nosotros mismos para realmente transformar la situación. Es decir, elijamos deliberadamente, cambiar nuestra actitud. Y aquí quiero remarcar el hecho de que la actitud no es algo que nos cae del cielo y nos vemos obligados a aceptar, nos guste o no; por el contrario, la actitud (positiva claro) es una decisión que tenemos la oportunidad de tomar a cada instante. Por eso, cuando se despierten por la mañana dispongan su mente para pensar en "todo lo bueno, todo lo mejor, todo lo excelente". ¿Quieren saber cómo será su día? Revisen sus pensamientos y su ACTITUD.

Coincido con Erasmo de Rotterdam quien dijo: "El que conoce el arte de vivir consigo mismo ignora el aburrimiento". Lo cierto es que cuando realizamos una actividad con la mentalidad de que será una pérdida de tiempo y una carga imposible de soportar, nos estamos programando mentalmente para ver aquellas cosas por las cuales el momento nos parece "a nosotros" un tedio absoluto (independientemente de que lo sea o no). Por el contrario, si estamos convencidos de que dejaremos una marca en aquellos que nos rodean, de que le aportaremos cosas valiosas a alguien y de que siempre hay algo interesante que vale la pena descubrir y disfrutar, seguro así será. Como todo en la vida... ¡es una cuestión de actitud!

....

**La diferencia más grande que puede lograr mi
diferenciador se encuentra dentro de mí, no de otros.**[37]

....

¡Hagan la prueba si no me creen!

---

37.   Frase de *John C. Maxwell.*

TIMELESS[38]

El alma es un vaso que solo se llena con eternidad.

AMADO NERVO

El último fin de semana, mi gran maestra de casi 3 años me dio otra de sus hermosas y profundas lecciones. Salimos a caminar a "Pasos y Pedales" (un espacio público que se vuelve peatonal en la ciudad de Guatemala los días domingo) y en el trayecto ella iba insistiendo en que quería un jugo de la calle, es decir, quería que nos detuviéramos en alguna tienda, farmacia o lo que fuera, a comprar algún refresco envasado. Mientras caminábamos le dije que sí, que tenía que estar muy atenta para encontrar dónde podíamos comprar uno. Regresamos a nuestro punto de partida y no compramos el famoso "juguito". Cuando llegamos a casa, ella se

---

38. Vocablo en inglés que significa: "eterno", "atemporal".

acordó y volvió a pedir: "Mami, por favor, yo quiero un juguito de la calle". ¡Yo lo había olvidado por completo!

"Por supuesto, mi amor, te lo había prometido", dije yo. Pero YO ya no quería volver a salir a pie a buscar dónde comprar un jugo para mi niña, así que intenté persuadirla de ir en carro (es que quería evitar la fatiga) a un restaurante que tuviera auto servicio. Mi intento fue en vano. "No mami, yo no quiero ir en carro, yo quiero un jugo de la calle". ¡Ni modo! En contra de mi voluntad por la pereza, pero con la certeza de que era algo que debía hacer (las promesas se deben cumplir, sobre todo a los hijos), volví a salir con ella a caminar y buscar un lugar dónde comprar su jugo.

Mientras caminábamos hacia afuera, pasamos por un tramo del camino que está adoquinado y a mi princesa se le ocurrió la brillante idea de saltar uno a uno los adoquines, para finalmente salir a la calle y empezar a buscar dónde compraríamos su jugo. "¡Lo que me faltaba!", pensé, "ahora nos tardaremos una eternidad". Pero en ese mismo momento en que ella con toda su ilusión seguía saltando adoquín tras adoquín, vi la felicidad que eso le causaba, pero también vi algo más. En ese momento, a ella no le importaba el tiempo, ni su jugo, ni el sol ni el cansancio. Ella simplemente estaba ALLÍ, con todo el sentido de la palabra, disfrutando sin pensar en cuánto tiempo le llevaría saltar uno a uno los adoquines para salir. Entonces fue cuando entendí el TIMELESS en el que viven los niños y en el que casi ningún adulto nos encontramos, el famoso "aquí y ahora".

¡Qué maravilloso sería el poder estar siempre presentes en nuestras propias vidas saltando uno a uno los adoquines que encontramos en el camino! En ese instante, al ver a mi niña detuve mis pensamientos de "¿de dónde saco el jugo?", "hay que regresar para almorzar a tiempo", "ojalá no haya mucho sol porque no le traje gorra", "llegamos, compramos el jugo y regresamos enseguida", y mil más que mejor no les describo. Me permití contemplar y acompañar su alegre salto, uno a uno, y aplaudirle cada paso. Enseguida, y casi sin darnos cuenta, nos encontramos en un restaurante que está bastante cerca y le di (y me di) el tiempo necesario para que ella eligiera su jugo y lo disfrutáramos en las sillas del lugar, sin ninguna prisa. ¡Gran lección!

La mente de la mayoría de los adultos es como un partido de tenis, se mueve de atrás hacia delante, oscila entre el pasado y el futuro. Tómense unos minutos para observar sus pensamientos y verán que lo que les acabo de enunciar es cierto. "¿Por qué me habrá dicho lo que me dijo?"; "si no me hubiera pasado eso, hoy sería otra mi historia"; "¿por qué no le habré hecho saber que la amo más a menudo?"; qué tonto fui al responder de esa manera"; "mañana tengo que ir al médico, pasar a buscar el libro que encargué y comprar la comida para la cena"; "¿a qué hora me dijo que vendría?, tengo que apresurarme". Millones de pensamientos sobre cosas que ya ocurrieron o que todavía no tuvieron lugar (y que en ambos casos en realidad no existen) invaden nuestra mente a cada segundo, muchos de ellos ni siquiera en un nivel consciente. Esto hace que nos alejamos del momento presente, al menos en nuestra mente, y seamos incapaces de vivir el "ahora". John Dryden escribió: "De todas las tiranías de la humanidad, la peor es la que persigue a la mente".

Los niños, esos seres únicos e irremplazables, "esos locos bajitos que se incorporan con los ojos abiertos de par en par, sin respeto al horario y a las costumbres y a los que por su bien hay que domesticar" (como bien canta Joan Manuel Serrat), nos invitan constantemente a conectarnos con ellos y nos recuerdan aquello que en verdad es importante: *vivir y disfrutar el momento con todo nuestro ser*, sin volver una y otra vez al pasado que ya no podemos modificar, sin preocuparnos por el mañana que aún no llegó. El legendario John Lennon alguna vez dijo: "Algunos están dispuestos a cualquier cosa, menos a vivir aquí y ahora".

Amigos, los animo a saltar cada adoquín de su camino, con el mismo entusiasmo que mi niña, sin pensar en cuántos les faltan para llegar hasta el "jugo".

¡Amo a mi maestra!

38

COMO SI...

El sentido de las cosas no está en las cosas
mismas, sino en nuestra actitud hacia ellas.
ANTOINE DE SAINT EXUPERY

En algún lugar leí, o tal vez me lo dijeron, que es importante incentivar a nuestros niños a hacer las cosas, a esforzarse por conseguir lo que desean. Desde que nacen, ellos escuchan tanto de nosotros el "no puedo" y "no me sale" (entre otras muchas frases negativas), que no deberíamos extrañarnos si empezaran a repetir lo mismo. Entonces, lo que leí (o escuché) fue que cuando nuestros pequeños se acerquen con un "es que no puedo", les pidamos que hagan "como si pudieran". Sorpresivamente toda su actitud hacia ese reto cambiará y, seguramente, más temprano que tarde lo terminarán haciendo.

No termino de entender por qué nos dan tantos buenos consejos para nuestros hijos, cuando estos deberían empezar a permear en nosotros, los adultos, primero. "Educar con el ejemplo", dicen por ahí. De manera que me dispuse a poner en práctica este mismo ejercicio en mí y en casi todo lo que hago, pienso y siento.

Les comparto un ejemplo práctico. Si estoy en una fiesta y me da mucha vergüenza bailar porque creo que no puedo, ¿por qué no me desafío a hacerlo "como si supiera"? ¿Qué ocurrirá? Si nos tomamos este juego lo suficientemente en serio, como lo hacen los niños, nos daremos cuenta de que nuestra actitud hacia el reto cambia por completo. En primer lugar, nuestra ansiedad baja porque mentalmente nos estamos haciendo la idea de que sí sabemos hacerlo, por lo tanto todo nuestro cuerpo se dispone a ejecutar y a cumplir las órdenes de nuestro cerebro. Me imagino que cuando nos creemos muy seguros ante algo que sí sabemos hacer, nuestros músculos están más relajados y son más precisos para coordinarse con nuestro cerebro. ¿Están de acuerdo conmigo? Regresemos a nuestro ejemplo, si empezamos a actuar "como si" pudiéramos bailar, probablemente nuestro cuerpo se suelte un poco más de lo que estamos acostumbrados, empecemos a disfrutar del momento y todos nuestros sentidos estén más dispuestos a aprender por observación o imitación.

¡Y de repente nos encontramos bailando! No les puedo asegurar que la primera vez estaremos compitiendo en concursos internacionales, seguramente no será así, pero si lo hacemos una vez (tal vez de manera regular, pero lo disfrutamos y nos damos cuenta de que no pasa nada malo), nos atreveremos a seguir incursionando en la actividad y seremos capaces de mejorar significativamente. ¿Qué tal?

Ahora apliquémoslo a nuestra actitud hacia otras cosas, el trabajo por ejemplo. Cuando vamos al trabajo, ¿qué actitud tenemos? ¿Por qué no decidimos hoy ir a trabajar "como si" nos apasionara lo que hacemos? ¡Hagan la prueba! ¿Cómo actuarían? ¿Cuál sería su postura? ¿Cómo saludarían a todo el mundo? ¿Cómo y con cuánta concentración realizarían cada actividad? Si a pesar de ser adultos responsables, nos atreviéramos a jugar un poco de vez en cuando, estoy segura de que nos sorprenderían los resultados.

....

Debemos escuchar al niño que fuimos un día y que existe dentro de nosotros. Ese niño entiende de instantes mágicos.[39]

....

¿Cuánto hace que no se conectan con su niño, con su niña interior? ¿Por qué no apartan algún tiempo esta semana para correr por el parque con sus hijos, para jugar con su mascota en el piso, para ver alguna comedia en la tele que los haga destornillarse de la risa, para comer con ganas ese postre que hace tanto no se permiten? ¿Y por qué no hacer palomitas de maíz y comerlas todos juntos mirando una peli desde un gran sillón? Más de uno tal vez me responderá: "¡Es que tengo muchas otras cosas que hacer, Tuti!". Prueben al menos una de estas actividades, o la que a ustedes les apetezca, y luego cuéntenme cómo se sintieron. Creo que ya conozco la respuesta...

Hay mañanas en las que, créanme, no quiero separarme de mi almohada. ¿Les ha pasado? A fuerza de despertadores logro llegar al baño y, en algún punto entre este y el camino a mi trabajo, me digo: "Bueno Tuti, hazlo como si tuvieras toda la energía del mundo". Y aunque no la tenga, empiezo a jugar y a actuar "como si" la tuviera. ¿Y saben qué? ¡De repente me doy cuenta de que la tengo! Me encuentro tan concentrada en la dinámica, que casi

---

39. Frase de *Paulo Coelho*.

de manera inconsciente ya estoy actuando y sintiendo auténticamente el deseo de hacer las cosas, de pasarla bien y de irradiar positivismo. Y la verdad es que no hay nada más maravilloso que vivir rodeados de personas positivas. "La gente disfruta estando cerca de los que son alegres u optimistas, y generalmente entusiastas sobre la vida (...) Nuestra actitud le da forma a nuestros minutos, días, semanas, nuestra vida entera. Afecta la manera en que sentimos, miramos, y aun la manera en que respondemos a las circunstancias que están fuera de nuestro control".[40]

La actitud del "como si", que podemos inculcarle a nuestros niños, es un juego bastante efectivo si lo tomamos en serio. No me crean, hagan "como si" me creyeran, ¡y les aseguro que se sorprenderán de ustedes mismos!

---

40.   Zig Ziglar, *Actitud de Vuelo*, Editorial Peniel, 2006.

39

MI MUNDO: MI ESPEJO

No debes perder la fe en la humanidad. La humanidad es un océano. Si algunas gotas del océano están sucias, el océano no se ensucia.

Mahatma Gandhi

Para cada persona existe un mundo diferente, ya que cada uno de nosotros tiene una visión particular de sus circunstancias y de su entorno. La misma está condicionada por la historia personal, las experiencias pasadas (buenas y malas) y la carga emocional que volcamos en el afuera. ¿Cómo es el mundo de ustedes?

Hace mucho tiempo leí una historia que era más o menos así:

Un hombre estaba viendo cómo los peregrinos se detenían junto al pozo a beber agua y a preguntar sobre ese pueblo y sus habitantes. Y es que un anciano se tomaba la molestia de dar a cada visitante su respectivo vaso de agua del pozo y a responder pacientemente todas sus preguntas. Con curiosidad, este hombre quiso conocer exactamente qué era lo que el anciano respondía a cada uno de quienes se acercaban, ya que veía que algunos después de la conversación seguían su camino muy enojados o frustrados, mientras que otros sonreían complacidos. Se acercó un poco más y entonces escuchó: "Buen anciano, ¿me puedes decir cómo es este pueblo?"; y el anciano respondió con una pregunta: "¿Cómo es el pueblo del que vienes?", a lo que el visitante dijo: "Mi pueblo es horrible, no existe el respeto, todos se aprovechan de todos, nadie es amable, es muy inseguro y es un mal lugar para vivir". El anciano, acercándole el vaso de agua, le contestó: "Este pueblo es igual". Pero cuando llegó otra persona e hizo la misma pregunta, el anciano volvió a preguntar: "¿Cómo es el pueblo del que vienes?", y este otro visitante dijo: "Mi pueblo es hermoso, con gente trabajadora que tiene ganas de salir adelante, tiene sus defectos pero también un gran potencial para ser más bello y próspero aún". Quien escuchaba se sorprendió cuando el anciano replicó: "Este pueblo es igual". Confundido, el hombre escuchando las conversaciones, salió de su escondite, se acercó al anciano y lo cuestionó sobre sus respuestas tan diferentes para ambas personas. El anciano le explicó: "El lugar y las personas no son quienes hacen un lugar, es como tú los percibes a ellos; es decir ellos son un simple reflejo tuyo. Vayas donde vayas si crees que todo el mundo es malo, encontrarás gente mala; pero si confías en la bondad de las personas, encontrarás siempre gente buena que te acompañe en el camino".

Esta historia me hizo pensar en las noticias violentas que vuelan a diario por los medios de comunicación, en Guatemala y en toda Latinoamérica. Por supuesto, no puedo dejar de mencionar el hecho que desde aquí sonó hacia el mundo entero hace un tiempo: Facundo Cabral, el cantautor argentino, fue asesinado en Guatemala. A raíz de esto escuché muchos comentarios en contra de mi país, de mi gente. Sé que todos manejamos una mezcla de sentimientos de miedo, frustración, vergüenza y enojo ante sucesos como este, por eso nos manifestamos así. Sin embargo, me hizo recordar esta historia que les compartí y me obligó a cuestionarme en qué cosas yo me enfoco del lugar donde vivo y sus habitantes. Eso no quiere decir que, como yo veo gente buena y trabajadora, viva en una caja de cristal donde bloquee lo negativo que ocurre. Pero me invita a seguir creyendo y comprobando que hay gente honrada y comprometida en esta linda tierra.

Si mantenemos esa conciencia, esa visión de las cosas, estoy convencida de que podemos generar cambios en el lugar del mundo donde nos haya tocado nacer o habitar. Yo prefiero seguir en el grupo de quienes amamos nuestra patria, de quienes sabemos que, con nuestro trabajo y nuestra actitud (¡y sigo con el tema de la actitud!), generamos cambios, de quienes le apostamos al positivismo y a la esperanza de un mañana mejor a través de vivir bien el día de hoy comenzando por hacer pequeños actos. "Toma la definición de *pequeño* y aplica la palabra *bondadoso* o *bondad* a ella, y podremos ver que una pequeña bondad contribuye en gran manera a animar a las personas, construir relaciones valiosas y brindarles esperanza e inspiración en sus vidas cotidianas (...) La mayoría de nosotros necesitamos esperanza y aliento cada día. Creo que un Día Nacional de la Bondad, para animarnos a hablar amablemente con aquellos que nos encontramos, sería de mucha ayuda".[41]

Hay una frase en inglés que llegó a mi twitter y viene como

---

41.   Zig Ziglar, *Actitud de Vuelo*, Editorial Peniel, 2006.

anillo al dedo para concluir: "If you look in the mirror and don't like what you see don't blame the mirror, if you look at the world and don't like what you see don't blame the world". (Si te miras al espejo y no te gusta lo que ves, no culpes al espejo. Si miras el mundo y no te gusta lo que ves, no culpes al mundo). ¡Qué gran verdad! "Mi mundo", allí donde me muevo y me desarrollo como ser humano y ciudadano de mi país, es simplemente mi propia construcción, un reflejo de lo que yo llevo adentro y percibo sobre mí mismo y los demás. De manera que siempre existe la posibilidad de cambiar ese mundo para bien, si me ocupo de nutrir (y sanar si fuera necesario) mi interior y luego comparto con otros toda esa riqueza.

¿Sabían que son ricos? Dentro de ustedes, tienen riqueza de aptitudes, de actitudes, de habilidades, de recursos, de palabras, de ideas, de creatividad y, sobre todas las cosas, de amor.

¡Ánimo América Latina bella!

40

¿GATEAMOS?

*Si no se vuelven como niños, no es posible que disfruten
de todas las maravillas del Reino de los Cielos.*

JESÚS

Hace poco tuve la oportunidad de charlar con Carmen Pascual (una personalidad española y pionera en el mundo de la investigación y educación de la psicomotricidad) y aprendí mucho de la vida y, sobre todo, de los niños. Ya saben, ellos son mis grandes maestros.

Carmen comentaba cómo es que nosotros, los adultos, dejamos de observar, aprender y disfrutar de los niños, con los niños y, lo más importante, COMO niños. Estamos tan inmersos en nuestro mundo de control, de precisión, de puntualidad (y no estoy en contra de esta, que conste), de apariencias, de carreras, de estrés y de mil cosas más que no nos permitimos VIVIR cada segundo como lo hacen los niños. Ya sea que tengan hijos o no, ¿alguna vez se han detenido a observarlos?

Si en lugar de estar ordenándoles y marcándoles el camino a la hora de los juegos, nos dedicáramos a mirarlos con atención y, mejor aún, entráramos en ellos al 100%, nos sorprenderíamos de las muchas cosas que podemos aprender de ellos y lo fácil que es manejarlos, decía Carmen. Yo agregaría: ¡lo fácil que es vivir como ellos!

A mí me encanta aprender de procesos infantiles y aplicarlos a mi situación actual. Parecería que como la mayoría de nosotros no aprendimos nuestras lecciones de pequeños, la vida nos pone a repetir la lección una y otra vez, ¿no les parece?

Uno de los puntos centrales de nuestra charla que quedó sonando en mi cabeza fue el siguiente: la importancia de dejar que los bebés aprendan por sí mismos a pararse, a caminar, a treparse, a buscar sus objetivos; claro está, con la presencia y vigilancia permanentes de los padres. Carmen mencionaba la importancia fisiológica, neurológica y de procesos mentales que tiene el hecho de que un niño aprenda solo a ponerse de pie "buscando sus puntos de apoyo" para lograr caminar y explorar su mundo. Ella explicaba que lo importante no es que el niño se pare o suba a una silla, sino que lo que realmente cuenta son los procesos que este realiza para lograrlo: cómo va mentalmente entendiendo el funcionamiento del mundo, cómo se forman sus esquemas mentales, cómo conoce su espacio y sus capacidades, cómo va fortaleciendo músculo a músculo y aprende a usarlos para lograr su objetivo, cómo va percibiéndose poco a poco como un ser capaz de lograr una meta porque ha logrado otras pequeñas antes.

Y aquí me quedo: ¿cuántos de nosotros esperamos empezar a caminar por un camino "x" sin haber primero gateado, buscado nuestros puntos de apoyo y aprendido a ponernos de pie para caminar e incluso correr? Aquí me refiero, sobre todo, a procesos o "caminos" emocionales.

Amigos, cuando estemos atravesando por situaciones dolorosas, tensas, frustrantes, tristes, lentas o cualquier otra que consideremos negativa o en la cual nos sintamos vulnerables, recordemos que somos nosotros mismos los que debemos aprender a gatear. ¿Con qué objetivo? Para encontrar nuestros puntos de apoyo y así poder, por nuestros propios medios y cual niños pequeños, lograr sostenernos de pie y, sobre todo, volver a caminar cuando nos hemos detenido por alguna razón.

Cualquier proceso en la vida implica pasos, etapas que sirven para fortalecernos y aprender de cada una de ellas. De esta manera, nuestra seguridad de poder seguir adelante estará bien cimentada. Digo esto a modo de recordatorio, porque a mí me cuesta muchísimo esperar y aprender de esos procesos, me gana muchas veces la impaciencia y pretendo lograr todo ya.

Al escuchar estos sabios consejos de Carmen, pensé: definitivamente si busco un crecimiento, si busco superar un sentimiento, si deseo resolver una relación, si pretendo trazar metas, debo permitirme fortalecer uno a uno mis músculos, aprender a coordinar mis extremidades, entender cómo funciona mi espacio y cómo funciono yo en él, aprender a apoyarme en lugares y personas que me ayuden a encontrar mi propia seguridad para poder dar pasos firmes y así lograr avanzar.

Y si bien todos necesitamos, en especial en los momentos duros de nuestra vida cuando parece que hemos sido sacudidos por un terremoto, alguien que nos sostenga, nos preste su hombro para llorar o su oído para hablar, nos brinde un abrazo y una palabra de consuelo, aliento o consejo, lo mejor que podemos hacer es, como los niños, aprender a valernos por nosotros mismos. ¿Qué quiero decir con esto? Toda la ayuda y el apoyo externo que recibamos para sentirnos seguros son bienvenidos, pero es vital encontrar esa seguridad interior, esa valía personal basadas en nuestras fortalezas y en el potencial ilimitado que llevamos adentro que nos permitan enfrentar, y superar con éxito, cualquier gigante que aparezca en el camino.

Para concluir, cito una frase del gran Platón: "El hombre que hace que todo lo que lo conduzca a la felicidad dependa de él mismo, y no de los demás, ha adoptado el mejor plan para vivir en plenitud".

¿Gateamos?

41

¿QUÉ NECESITO?

Si no tienes la libertad interior, ¿qué
otra libertad esperas poder tener?
ARTURO GRAF

Durante una de nuestras vacaciones decidí acompañarme por un libro muy bueno llamado *El camino de los sabios* de Walter Riso, quien visitó Guatemala y él mismo me lo recomendó y regaló. (Se lo recomiendo a todo aquel que busca un poco de liberación interior).

Debo reconocer que fue justo lo que necesitaba para un momento en el que tenía que desprenderme de preocupaciones, obligaciones, convencionalismos, angustias y todas esas cosas que llevamos voluntariamente encima todo el tiempo, como si nos fueran a hacer bien. Esas cargas autoimpuestas que, sin darnos cuenta, nos van inclinando cada vez más (emocionalmente hablando). Estoy segura de que entienden a qué me refiero.

En uno de los capítulos del libro, el autor escribe:

....

Cualquiera puede convertirse en tu amo, si este posee algo que tú no tienes y quieres tenerlo a toda costa.

....

Luego escribe algunos ejemplos de lo que "creemos" necesitar y buscamos desesperadamente en el afuera: "Necesito tu aprobación", "necesito que me ames" (necesito tu amor), "necesito tu protección", etc. ¿Con qué fin vamos en busca de estas cosas? Para que nos brinden la sensación de estar "completando" aquello que, según nosotros, nos falta o está incompleto. Pero la realidad es que no nos hemos esforzado por desarrollarlo nosotros mismos. ¿Qué significa esto?, tal vez se pregunten.

¿Necesito tu amor? Seguramente no me estoy dando suficiente amor yo mismo.

¿Necesito gustarte? Seguramente no me estoy gustando ni aceptando yo mismo.

¿Necesito tu protección? Seguramente no me estoy dando mi lugar ni protegiéndome por mis propios medios.

¿Necesito tu compañía? Seguramente no sé estar conmigo mismo... y así podríamos continuar.

De esta idea se desprenden muchas otras que nos harán replantear algunas cosas en nuestra vida. Por favor no me malinterpreten, no estoy sugiriendo que dejemos de ser seres sociales porque entonces "ya no necesitaremos a nadie". ¡No! La verdad es que es altamente beneficioso interactuar unos con otros. Pero una cosa es "necesitar" a los demás para sentirnos valiosos, amados, merecedores, seguros y realizados; y otra muy distinta es "elegir disfrutar" el compartir con los demás lo que somos, desde nuestra libertad. Esto significa que si estoy con alguien (llámese pareja, amigos, compañeros de trabajo y demás), disfruto esa compañía, en ese momento particular, y tal vez hasta puedo aportarle algo positivo a la otra persona. Pero si no tengo compañía (lo cual no significa estar solo), también disfruto de estar conmigo mismo y la paso bien porque no necesito con desesperación que otro llene un vacío interior.

La necesidad es un mal, no hay necesidad de vivir bajo el imperio de la necesidad[42].

¿No sería maravilloso dejar de depender de aceptaciones, aprobaciones, cariños, protecciones y reafirmaciones para sentirnos y sabernos valiosos, únicos y extraordinarios? ¡Yo sí me apunto! Esto solo es posible cuando sé quién soy, conozco mi valor intrínseco y tengo la certeza de por qué y para qué estoy en este mundo.

¿Cuál es el plan? Fortalecerme, ser consciente de aquello que "creo" que estoy necesitando para sentirme bien y cuestionarlo, para aceptar que yo soy capaz de desarrollarlo y encontrarlo en mi interior. En realidad, ¡todo lo que necesito y anhelo tener ya está dentro de mí, no tengo que ir a buscarlo en ninguna otra parte! Cuando esta verdad se me revela, entonces puedo buscar crecer por el simple placer de sentirme orgulloso de mí mismo y saberme alguien especial porque sí, por el solo hecho de ser un ser humano

---

42. Frase de *Epicuro de Samos.*

creado a imagen y semejanza del Autor de la vida. No es egoísmo, no es "hermitañismo", es encontrar una Tuti (aquí coloca tu nombre) más auténtica, más fuerte y más libre para poder trascender y llegar a mi verdadero ser.

Cada uno de nosotros tiene la posibilidad, si así lo desea, de encontrar las herramientas para alcanzar la verdadera libertad interior. Creo que mi camino empezó hace un buen tiempo, pero este libro es otra recarga de gasolina para seguir adelante hacia la meta.

Termino con esta otra frase que aparece en el mismo capítulo: *Si solo deseo lo que depende de mí, ¿quién podrá esclavizarme?*

42

¿CÓMO LO TRATARÍAS?

La suprema felicidad de la vida es saber que eres amado
por ti mismo o, más exactamente, a pesar de ti mismo.
VICTOR HUGO

"¿Cómo lo tratarías?". "¿A quién?", me preguntarán para ser capaces de responder. Pues depende. ¿Verdad que sí?

Aún no develaré el misterio. Primero quisiera compartir una pequeña reflexión de Epicteto que encontré en el libro de Walter Riso, *El camino de los sabios*:

"...Tú eres primordial, tú eres una chispa divina; tienes en ti mismo una parte de ella. Entonces, ¿por qué no reconoces tu parentesco? ¿Por qué no sabes de dónde procedes? ¿No quieres recordar cuando comes quién eres al comer y a quién alimentas? Al tener trato amoroso, ¿quién eres al hacerlo?..."

Llevas la divinidad contigo de un lado a otro (...) y no lo sabes".

Cuando leí estas palabras, me encantaron. Tal vez algunos pensarán: "Uy, ya empieza la clase de religión". Te aseguro que no es mi intención adoctrinar a nadie sino compartir con mis lectores las cosas que, de alguna manera, me hacen reflexionar y me enriquecen como ser humano. ¿Cómo trataría yo a Dios en mí? Y por lo tanto, ¿cómo trataría a Dios en los demás? Este mismo principio aparece en la Biblia: "Lo que ustedes hicieron para ayudar a una de las personas menos importantes de este mundo, a quienes yo considero como hermanos, es como si lo hubieran hecho para mí".[43] Y lo que me llamó la atención es la forma en la que Epicteto empieza por hacer la referencia hacia uno mismo.

No pude evitar entonces plantearme todas esas situaciones en las que no me trato bien, empezando por cosas simples, y me pregunté a mí misma por ejemplo:

* ¿Cómo me alimento?
* ¿Cómo cuido mi cuerpo, mi salud?
* ¿Cómo me doy mi lugar en cualquier situación?
* ¿Cómo pongo límites para hacerme respetar?
* ¿Cuánto me valoro en todo momento?
* ¿Cómo es mi diálogo interno?

Y luego imaginé que viniera alguien de repente y me dijera: "Tuti, ¿te puedo dejar unos días a Dios para que me lo cuides dentro de ti?". ¿Cómo lo haría? ¿Qué le daría de comer? Si alguien lo

---

43. Evangelio de Mateo 25:40, *La Biblia*, Traducción en Lenguaje Actual.

tratara mal, ¿cómo lo defendería? ¿Lo permitiría o me opondría terminantemente? ¿Qué experiencias le haría vivir? ¿Qué cosas me gustaría mostrarle? ¿A dónde lo llevaría? ¿Haría más ejercicio para que tuviera un lugar confortable donde habitar? No tengo dudas de que intentaría hacer mucho más de lo que hoy por hoy hago por mí misma para intentar que Él estuviera cómodo dentro de mí. ¿Ustedes harían lo mismo que yo?

En el momento en que percibo que estoy dispuesta a cuidar un poco más de mí porque estoy cuidando a Dios dentro de mí, se despierta también la pregunta: ¿y qué pasa si también Dios está de visita en quienes me rodean, ¿cómo me comportaría con ellos? De hecho, la mayoría de nosotros creemos que es así.

Es lo que se nos enseñó desde niños: *Dios está dentro de ti, de mí y de todo el mundo, por eso debemos respetarnos y respetar a los demás.* ¿Cierto? ¿Por qué entonces se nos olvida que somos tan especiales, y que los demás también lo son? ¿Por qué empezamos a cuidar de nosotros solo cuando nos detenemos a pensar en verdades como las que he planteado? ¿Por qué algunas personas no logran cuidarse y tratarse bien a sí mismos jamás (y mucho menos a quienes los rodean)? Especiales somos siempre, únicos somos siempre, valiosos somos siempre. Como diría Epicteto: *la divinidad está siempre en nosotros.* ¿Qué nos pasa que nos olvidamos de un detalle tan importante para tratarnos con amor a nosotros mismos y a nuestros semejantes, independientemente de su raza, religión y color de piel?

Los invito a hacer este ejercicio por un momento, en cualquier circunstancia en la que se encuentren. Uno obtiene reflexiones interesantes y reveladoras. ¿Creen que podrían cuidarme a Dios un ratito allí en su interior? ¡Ahí se los dejo y se los encargo!

La lección no es cuidarlo a Él, es entender que Él vive dentro de mí, que me ha elegido como "su casa", que yo tengo su naturaleza y sus capacidades. Es reconocerlo primero en mí, y luego en el otro, aun en alguien que no conozco o que no se me parece. Ese que suelen llamar: el prójimo.

43

EL PLAN PERFECTO

El autoconocimiento nos pone de rodillas y
es imprescindible para poder amar.
SÓCRATES

Debo confesar que algunas situaciones que me tocaron vivir me han desorientado un poco. Se trata de cosas por las cuales trabajé para que se den, para que fluyan libremente. Estoy segura de que todos hacemos constantemente lo mismo. Pero por alguna razón u otra, lo que yo esperaba empezó a truncarse, no salió según mis expectativas, no se concretó, no prosperó allí donde debía hacerlo. Tuve uno que otro revés y, ¿qué puedo decir? ¡Me frustré! Seguramente a ustedes les habrá pasado algo similar en más de una ocasión.

Me encanta poder compartir estas cosas con mis lectores, porque el hacerlo me sirve a mí también para revisar mis pensamientos y sentimientos alrededor de ciertos temas; me sirve para replantearme filosofías de vida, formas de reaccionar, de llegar a conclusiones y, de esa manera, ser capaz de resolver los problemas que enfrento. A la vez, espero, poder ayudar a alguien por ahí, ya que creo que como seres humanos a todos en algún momento nos toca atravesar casi por las mismas pruebas, solo que con disfraces y en circunstancias diferentes.

Sé que la vida siempre nos va poniendo en el camino las respuestas a las preguntas que hacemos, según aquello que vamos viviendo. El problema está en que pocas veces escuchamos lo que esta nos quiere decir, o tal vez sí escuchamos pero no nos gusta lo que nos está diciendo, por lo tanto nos hacemos "los distraídos" o, lo que es peor, "los sordos". "El que tenga oídos para oír, oiga", dijo Jesús.

Tuve recientemente la oportunidad de conversar con Nick Arandes, un puertorriqueño que vino a dar una serie de conferencias en Guatemala sobre su aprendizaje de *Un Curso de Milagros*, sobre su experiencia de vida y sobre su libro *Lo que pasa cuando dejas ir* (muy recomendable, por cierto). Y "causalmente" (sí, lo escribí bien) me tocó entrevistarlo y pude empezar a leer su libro. Por otro lado, entablé amistad con alguien que constantemente me recuerda que todo lo deje en manos de Dios; pero cuando digo todo es TODO. ¡Uf! Por dos lados diferentes me están ayudando a aprender a soltar, a dejar de querer controlarlo todo (absolutamente todo) y a no frustrarme por lo que yo creo que salió mal. Y en su lugar, aprender a confiar en que seguramente, y según los Planes Perfectos de Aquel que todo lo sabe y lo puede, las cosas son mucho mejor así como están.

Como ya lo he mencionado antes, no estoy diciendo que entonces tenemos que cruzarnos de brazos y no hacer nada de nada por nuestra vida, por nuestras metas, por nuestros sueños y por las demás personas. No es esta la idea. "¿Pero esto no suena contradictorio?", alguien tal vez se pregunte. Sí y no. Es contradictorio porque acabo de decirles que estoy aprendiendo a confiar en que las cosas resultan como tienen que resultar y yo debo aceptar eso, sin oponer resistencia. Pero no dije que no deba hacer nada.

El secreto está en entender que si yo deseo realizar un viaje al exterior, por ejemplo, tengo que ahorrar, buscar un destino, investigar a dónde puedo ir, qué lugares iré a visitar, ilusionarme y disfrutar todo lo que pueda alrededor de ese proyecto. Pero si llego al aeropuerto y me encuentro con que se canceló mi vuelo, debo aceptar (aunque me cueste y mucho) que eso es lo mejor que pudo haber pasado para mí, aunque no lo entienda en ese momento, aunque mi primer impulso sea frustrarme y enojarme. Después de todo, soy humana, ¿no? Tal vez, más tarde me entere de que hubo mal tiempo, de que el avión tenía problemas o, incluso, puede ocurrir que ni llegue a saber por qué no pude realizar mi viaje.

¿Es esto derrotista? De ninguna manera. Porque yo hice todo lo que estaba a mi alcance, di mi 100% en la realización de mi viaje y disfruté el proceso. Claro que podrían asaltarme mil preguntas tales como: ¿y si hubiera reservado otro día?, ¿y si hubiera elegido otro destino?, ¿y si...?, ¿y si...? Pero una vez más, el resultado es el perfecto para mi beneficio y, aunque no lo entienda, hay Alguien que sí entiende por qué salieron las cosas de esa manera. Ese pensamiento debería ser suficiente para traer tranquilidad a mi mente y a mis emociones (que pueden llegar a desenfrenarse si no se les pone un límite). Cuántas veces nos desesperamos y dejamos que se disparen miles de preguntas sin respuesta ante sucesos dolorosos, y mucho más difíciles de aceptar que un viaje frustrado, como una enfermedad, la pérdida de un trabajo o de un ser querido.

He llegado a la conclusión de que es importantísimo trabajar con pasión, entrega y alegría por lo que queremos. Muchas veces los Planes Perfectos no tienen nada que ver con nuestros planes imperfectos. Y cuando es así, qué mejor que sentirnos orgullosos y satisfechos de cómo vivimos el proceso. Al final del día, si soltamos el resultado y no nos aferramos a lo que "nosotros" queremos que sea, encontraremos una paz interior deliciosa e imposible de describir con palabras. Simplemente, lo que todos merecemos.

Y vuelvo a la frase del principio, saber quiénes somos y quién es el Hacedor de nuestros Planes Perfectos nos permite tener la humildad necesaria (ponernos de rodillas) para aceptar todas las cosas tal y como son.

¿No les parece un Plan Perfecto?

44

Y SI TE DAN LIMONES...

*La felicidad humana generalmente no se logra con
grandes golpes de suerte, que pueden ocurrir pocas veces,
sino con pequeñas cosas que ocurren todos los días.*
BENJAMÍN FRANKLIN

A todos, tengamos la vida que tengamos, siempre nos toca hacer cosas que hacemos por rutina, casi sin pensar si nos gustan o no, sencillamente porque es nuestra responsabilidad y no podemos eludirla. A mí me toca dormir a mi Belén en su cochecito para la siesta de la tarde.

Así la acostumbré yo, supongo. Le doy su pacha[44], la acuesto en su cochecito y a dar vueltas por la casa para que, poco a poco y con el movimiento, se vaya durmiendo. Sala, comedor,

---

44. Término que en Guatemala significa: "biberón".

sala familiar... ¡vuelta! Sala familiar, comedor, sala... ¡vuelta! Y así continúo hasta que cae dormida.

Fernanda, la mayor de 3 añotes (cómo pasa el tiempo, ¿verdad?), hace un par de días me dijo: "Mami, ¿te ayudo a darle 'vueltas y vueltas' a Belén para que se duerma?". Y como me pareció un gesto muy lindo de su parte, accedí, aunque eso implicaba maniobrar el cochecito desde la mitad y tener que ir a un ritmo diferente.

Cuando íbamos como por la tercera vuelta, Fernanda ya estaba llevando un paso más lento y se dispuso a sostener con una mano la mitad del cochecito que le correspondía, y con la otra investigar cuántas cosas podía tocar en el camino si se estiraba lo suficiente. ¡La pasó tan bien! ¿Por qué? Porque en el camino se dio cuenta de que el asuntito ese de dar "vueltas y vueltas" no era tan divertido como ella pensaba, así que, sin dejar de hacerlo, decidió pasarla bomba. ¡Y así lo hizo!

Mi primer impulso fue llamarle la atención y pedirle que se concentrara en lo que estábamos haciendo, que no se estirara porque me descontrolaba un poco el cochecito, que mantuviera el paso para que este no se meciera más con los pequeños tirones que daba al querer alcanzarlo todo. Ya saben, ¡las mil y una razones que los adultos somos capaces de inventar para querer controlarlo todo y a todos!

Afortunadamente no lo hice. En cambio, me puse a observarla y a entender la gran lección que una vez más me brindaba mi princesa mayor: hasta la rutina más tediosa puede volverse divertida si tú así lo decides. Qué maravillosa capacidad la de los niños de mostrarnos cómo se debe vivir la vida: si la vida te da limones, haz una buena limonada, ¡pero échale mucha azúcar!

Recordé una vez más el dicho que reza: "La felicidad no está en la meta, sino en saber disfrutar el camino". ¿Por qué será que al crecer, la mayoría de las personas perdemos la espontaneidad, la frescura, la capacidad para soltarnos, para disfrutar sin restricciones? ¿Será que las múltiples ocupaciones y responsabilidades que asumimos, los golpes que a todos por igual nos da la vida, las heridas, las desilusiones nos convierten en seres a quienes les cuesta cada vez más divertirse?

La diversión es como un seguro, cuanto más viejo eres más te cuesta.[45]

¿Cuánto tiempo dedican en la semana para realizar alguna actividad no por obligación, sino por pura diversión? ¿Cuáles son sus formas habituales de divertirse? "Dime cómo te diviertes y te diré quién eres".[46]

Les dejo este último consejo que espero les sirva en algún momento: cuando les toque dar "vueltas y vueltas" por la vida: diviértanse un poco intentando alcanzar lo inalcanzable, jugando y riéndose (si es a carcajadas, mejor). Estoy segura de que los sorprenderán los resultados, ¡y disfrutarán mucho el camino!

El único deber es el deber de divertirnos terriblemente.[47]

---

45. Frase de *Friedrich Schiller*.
46. Frase de *José Ortega y Gasset*.
47. Frase de *Oscar Wilde*.

¡NO SE PUEDE VIVIR ASÍ!

Si no tenemos paz dentro de nosotros,
de nada sirve buscarla afuera.
FRANÇOIS DE LA ROCHEFOUCAULD

¿Y ahora Tuti se puso pesimista con ese título?, se preguntarán. En un momento les cuento...

Un día venía yo manejando de salida del trabajo y me sentía ansiosa, por todo y por nada realmente. Por cosas de esas que a veces nos mueven de nuestra zona de confort, para bien y para mal; o esas que nos emocionan tanto que nos produce ansiedad el solo pensar que se puedan estropear; incluso esas otras que nos dolería soltar e igualmente nos crean ansiedad. En fin, hagan una mezcla más o menos homogénea de todos esos ingredientes y... ¡listo! Así me sentía entonces.

Estoy aprendiendo y tratando de aplicar en la vida diaria la respiración profunda, tranquila, controlada. Así que me dispuse a utilizarla en ese preciso momento para bajar mis niveles de ansiedad (que siempre surge cuando no vivimos en el ahora y la mente se dispara hacia el futuro), regresar a mi centro, relajarme y encontrar mi paz.

La ansiedad siempre se origina en nuestra mente, de ahí la importancia de estar muy atentos a lo que pensamos, a aquello que ronda por nuestra cabeza todo el tiempo. ¿Por qué nos ponemos ansiosos? La ansiedad es una respuesta a una interpretación equivocada de aquello que pensamos y creemos (o mejor dicho, sentimos) que es la verdad absoluta. Si tenemos la sensación de que algo malo nos va a pasar, nuestra cabeza, y todo nuestro cuerpo, reaccionará en consecuencia.

Aprendamos diariamente a hacer una limpieza de toda la basura mental que no nos hace ningún bien. Al hacerlo, puedo asegurarte que serás mucho más feliz. Seamos flexibles con los demás y con nosotros mismos. A veces, ver la vida solo en blanco y negro nos coloca en un lugar de exigencia, en un pedestal del cual será difícil bajar cuando no toleremos estar siempre allí arriba. En cambio, ver los grises nos ayuda a aflojarnos y trae un poco de alegría y recreo a nuestra vida.

De regreso al episodio que viví, empecé a respirar y de repente me vino este pensamiento: debemos aprender a tomar las cosas que nos suceden en la vida así como practicamos la respiración. Inhalamos con la conciencia de que debemos exhalar, porque moriríamos si no inhaláramos aire nuevo y también si no exhaláramos el aire que retenemos. Si no respiramos, "¡no se puede vivir así!".

No podemos pretender vivir sin aceptar todo lo nuevo que llega a nosotros (nuevas relaciones, nuevas amistades, nuevas oportunidades laborales, nuevas ideas, nuevos lugares para habitar o conocer), ya que estas cosas nos renuevan y nos mantienen vivos y alertas; pero para recibirlas no podemos seguir aferrándonos a lo viejo, a lo conocido, a lo que ya tenemos y nos brinda seguridad. Si no practicamos, como la respiración, el arte de soltar, de dejar ir y matar el pasado a cada instante, corremos el riesgo de morir (al menos emocional y espiritualmente).

Hagan la prueba, no inhalen por varios segundos. No pueden vivir sin aire, ¿verdad? Ahora inhalen profundo y aférrense a ese aire que está dentro de ustedes, quédense en esa posición por unos cuantos segundos más. Tampoco pueden resistir mucho tiempo.

A nuestras emociones, a nuestros problemas, a nuestros sentimientos, a nuestras alegrías y a nuestras tristezas, a nuestros éxitos y a nuestros fracasos… ¡RES-PI-RÉ-MOS-LOS! Tomémoslos tal como vienen en el momento que llegan, retengámoslos por un breve tiempo (disfrutando todo lo bueno y positivo) y luego soltémoslos y dejémoslos ir, en espera de lo que vendrá a continuación.

A la vida hay que respirarla, amigos, así tal cual, debemos permitir que el aire nuevo entre constantemente y renueve cada una de nuestras células, pero estar dispuestos a soltarlo también dejando que todo aquello que nos contamina (nuestro anhídrido carbónico) se vaya para siempre.

....

Lo menos frecuente en este mundo es vivir. La mayoría de la gente existe, eso es todo.[48]

....

¡Vivamos!

---

48. Frase de *Oscar Wilde*.

46

SIN ARREPENTIMIENTOS

Todos los animales, excepto el hombre, saben que
el mejor negocio en la vida es disfrutar de ella.
SAMUEL BUTLER

La felicidad no es llegar a la meta, sino disfrutar el camino. Ya les he compartido aquí esta bellísima frase, y tal vez la hayan escuchado en alguna otra parte. Pero ahora les pregunto: ¿lo han puesto en práctica? Les confieso que a mí me cuesta muchísimo y en esto mismo estoy tratando de trabajar ahora en mi vida.

"Suponemos que la gente feliz e infeliz nace así. Pero estos dos grupos de personas hacen cosas que crean y refuerzan sus estados de ánimo. Las personas felices se permiten ser felices. Las personas infelices hacen cosas que las entristecen".[49]

---

49.   David Niven, Ph. D., *Los 100 Secretos de la Gente Feliz*, Grupo Editorial Norma, 2003.

Encontré hace poco un video en Internet (¡qué fuente extraordinaria de información!) que ejemplifica de maravilla esta famosa frase. En él, aparece una mujer mayor que asistió al programa *Britain's got talent*[50] donde concursan muchas personas para mostrar su talento que, si llegan a ser los ganadores, es presentado ante la Reina Isabel de Inglaterra. La señora en cuestión, llamada Janey Cutler, ingresó por diversión simplemente y terminó deslumbrando a los jueces (que en un principio la juzgaron mal), robándose el show de la noche.

¿Ya lo vieron? Si tienen la oportunidad de buscarlo les recomiendo que no dejen de verlo. Yo solo les paso mis apuntes.

Número uno: me encanta que esta mujer se atreva a darse la oportunidad de hacer algo que ama porque eso es algo que se disfruta, y mucho. ¿Hace cuánto no se dan la oportunidad de hacer algo que les encanta, que los hace olvidar del tiempo y del mundo que los rodea, y disfrutan el hecho de haberse dado la oportunidad? Permítanme decirles que la mayoría de las oportunidades en la vida no se las tiene que dar nadie, excepto ustedes mismos. ¡Son ustedes quienes tienen que permitirse la experiencia o la aventura! Por lo que los invito a eliminar los "estoy vieja", "soy gordo", "soy torpe", "no puedo", "nunca aprendí", "qué vergüenza", "muy alta", "muy bajo", "muy flaca", "muy feo", "muy difícil", y tantas otras frases inútiles y limitantes. Una vez más, ¡somos nosotros mismos los que nos damos una oportunidad en primera instancia!

Leí hace un tiempo en un libro muy bueno llamado *Los 100 secretos de la gente feliz*, que una mujer llamada Kathleen, miembro de un grupo que promueve la filosofía de la aceptación, solía

---

50. Programa de televisión en el Reino Unido llamado *Gran Bretaña tiene talento*.

sentirse como si estuviera en una trampa de la que no podía escapar. Trataba de corregirse y cambiarse a sí misma, y la frustración por no poder cambiar era peor que el problema inicial. Ahora esta mujer aconseja aceptarse a uno mismo, lo que no significa hacer caso omiso de nuestros defectos y no tratar de mejorar. Significa "creer en la propia valía primero, por último y siempre".

Número dos: ¡darlo todo mientras lo estamos haciendo! Los que vieron el video, ¿observaron cómo esta preciosísima mujer cantaba con toda la pasión del mundo? Estaba entregada al 100% en ese momento, ¡su momento! Y nadie, ni los jueces, ni los espectadores podrían habérselo quitado. ¿Están de acuerdo conmigo? Ella no estaba enfocada en la clasificación, ni en el premio, ni siquiera en la posibilidad de cantar frente a la Familia Real; ella estaba allí, en ese lugar y en ese momento ¡para disfrutar al máximo! ¿Suelen estar conscientes del momento presente, o dejan que su mente los lleve en un rally por el pasado y el futuro?

....

Las personas felices no consiguen todo lo que quieren, pero quieren la mayoría de lo que consiguen. En otras palabras, arreglan el juego a su favor al escoger valorar las cosas que están al alcance de su mano.[51]

....

Número tres: una palabra clave del punto anterior: ¡disfrutar! Y aquí es donde yo agrego "disfrutar el camino", es decir, disfrutar de aquellos pasos que estamos llevando a cabo para lograr nuestra meta y alcanzar nuestros sueños. "Las personas ultra competitivas,

---

51. Idem 49.

que siempre tienen que ganar, disfrutan menos las cosas. Si pierden, se desilusionan mucho y si ganan, de todas formas era lo que esperaban que pasara".[52] Después de ver este video, me puse a pensar (ya se habrán dado cuenta de que suelo hacerlo seguido): con tantos sueños y objetivos que tengo, ¿qué pasaría si nunca llego a la meta porque me muero en el camino? Sé que tal vez suena súper trágico, pero es para darme a entender bien y lograr transmitir mi reflexión.

Si en el camino de la vida, estuve enfocada en ser competitiva, si me enojé cuando las cosas no salieron como yo lo esperaba, si me mantuve tensa y contagié tensión a mi entorno por enfocarme tanto en la meta, si fui impaciente por conseguir mis objetivos, si me estresé, dejé de comer, de reír, de querer, de disfrutar a pleno y me muriera antes de llegar a destino, ¿qué me llevo? ¿Estrés, enojos, frustraciones, decepciones, rencores? ¡No gracias!

Por eso he decidido estar atenta a cómo hago las cosas en mi trabajo, cómo juego con mis hijas, cómo converso con mi esposo, cómo me tomo una taza de café en compañía de un buen amigo, cómo vivo cada momento relacionado con mis sueños; y si me doy cuenta de que no lo estoy disfrutando, me detengo y me digo: "No tengo garantizado despertar mañana". Aquí y ahora, está mi gran oportunidad de disfrutar el camino, porque es todo lo que tengo en este momento. ¿Por qué traer amargura a este momento que es mío y de nadie más? ¿Por el pasado?, este ya se fue. ¿Por el futuro?, este aún no llegó. De modo que ninguno de los dos me puede afectar o dañar.

No se trata de no trazar metas ni de dejar de soñar (insisto en el punto), ¡al contrario! Se trata de hacerlo y hacerlo en grande, porque de esa forma estaremos recorriendo muchos caminos, lo

---

52.   Idem 49.

cual representa múltiples oportunidades para nosotros de ¡disfrutar la vida a cada instante!

Si todo lo que tengo en este momento es esta casa, esta oficina, este trabajo, esta compañía, este tránsito, esta cola de supermercado, esta entrevista, esta reunión; si todo lo que tengo ahora es justamente esto que estoy viviendo, ¿por qué no elegir disfrutarlo con todo mi ser?

Y como dice la canción: "No regrets!"[53]

---

53.   Frase en inglés que significa "sin arrepentimientos".

47

LA VIDA MÁS FÁCIL

*A nadie le importa lo que usted sabe hasta que saben
que usted es alguien a quien le importan las personas.*
THEODORE ROOSEVELT

Quisiera compartir con ustedes una experiencia que atravesé en mi lugar de trabajo. Se trata de un hecho que me hizo reflexionar sobre cómo podríamos, sin mayores esfuerzos, hacernos la vida mucho más fácil, simple y agradable.

Antes de detallarles la anécdota, quiero contarles que era mi costumbre llegar muy temprano al canal. Por ese motivo, siempre encontraba estacionamiento justo enfrente de los elevadores; es más, podía darme el lujo de ser la primera o segunda persona en estacionarse en el edificio, de manera tal que cuando salía no debía dar muchos pasos para llegar a mi carro e irme.

Así fue como en una oportunidad salí temprano del canal después del programa, ya me estaba yendo y me dirigía hacia la salida cuando un vehículo en sentido contrario se asomó buscando estacionamiento y asumió que yo estaba haciendo lo mismo, por lo que retrocedió y se estacionó mucho más lejos. Al alcanzarlo me puse al lado y toqué bocina para avisarle al conductor que yo había dejado un puesto muy cerca del elevador. Al principio creo que la asusté (era mujer) y no quiso bajar el vidrio, pero como yo insistí, con cara de desconfiada lo bajó y pude indicarle dónde había un estacionamiento mucho más cerca. Ella sonrió agradecida y volvió a encender su vehículo para regresar a ocupar mi lugar. Yo sonreí y me fui.

Fue una acción tan simple (no es que por esto me crea la Madre Teresa) pero me parece que ese pequeño gesto, después del susto, pudo haberle hecho el día un poquito más simple a esa mujer. Es increíble cómo, la mayoría de las veces, al no encontrar rápido estacionamiento nuestro humor cambia, si nos toca un lugar muy lejos de la puerta nos enojamos aún más y pronosticamos ese día como "pesado y difícil". ¡Y todo por un estacionamiento! En fin, esta mini acción me hizo pensar en lo fácil que podríamos hacernos la vida los unos a los otros si tuviéramos todo el día (o buena parte de él) encendido el chip de la amabilidad y de la intención de hacernos sencillas las cosas mutuamente. Sonreír, dar paso en el tránsito, respetar y dejar pasar a los transeúntes, saludar amablemente, ayudar a recoger las cosas que ese desconocido botó sin querer, preguntar si necesita ayuda la señora que no alcanza los quesos en el supermercado, agradecer de corazón las buenas acciones de todo el mundo, desde el ascensorista hasta la señorita que nos lleva el café en la oficina, el portero de nuestra casa, el jardinero y cientos de personas más con quienes nos topamos a diario y a quienes se nos "olvida" saludar o darles las gracias. Nunca sabemos cuándo esa acción regresará a nosotros.

Lo cierto es que todas esas acciones SIEMPRE traen de vuelta cosas buenas, y CUIDADO porque también regresan las malas, si nosotros las sembramos. No tenemos idea de hasta dónde y a quiénes alcanza nuestro boomerang ni tampoco de cuándo vaya a regresar; lo sabremos en el momento en que nos esté devolviendo aquello que dimos. Propongo que con cosas muy simples, con caras agradables, con un "buenos días, que le vaya bien", con gestos amables y respetuosos empecemos a esparcir la idea de hacer más fácil la vida de los demás.

En cierta ocasión, un hombre le preguntó al doctor Karl Menninger: "¿Qué le aconsejaría hacer a una persona que sintiera que está por darle un colapso nervioso?". La mayoría de la gente esperaba que respondiera: "Que consulte a un psiquiatra". Para gran sorpresa, la respuesta de él fue: "Que cierre su casa con llave, que vaya a la parte más baja de la ciudad, que encuentren a alguien que tenga necesidades y que haga algo por esa persona".[54]

....

El amor cura a la gente, a quien lo da y a quien lo recibe.[55]

....

Una actitud positiva siempre crea resultados positivos. La actitud es una cosa pequeña que hace una gran diferencia. No es nuestra posición sino nuestra disposición lo que nos hace felices.[56]

Quiero compartirles este cuento que estoy segura llegará a su alma:

Cuando yo era adolescente, en cierta ocasión estaba con mi padre, haciendo cola para comprar entradas para el circo. Al final,

---

54. John Mason, *La Imitación es Limitación*, Editorial Caribe Betania, 2005.
55. Frase del psiquiatra *Karl Menninger*.
56. Idem 54.

solo quedaba una familia entre la ventanilla y nosotros. Esta familia me impresionó mucho: eran ocho chicos, todos probablemente menores de 12 años, se veía que no tenían mucho dinero. La ropa que llevaban no era cara pero estaban limpios, los chicos eran bien educados, todos hacían bien la cola de a dos. Detrás de los padres, tomados de la mano, hablaban con emoción de los payasos, los elefantes y otros números que verían esa noche. Se notaba que nunca antes habían ido al circo, por lo que prometía ser el evento de diversión del año. El padre y la madre estaban al frente del grupo de pie, tomados de la mano, sonriendo y sumamente orgullos. La empleada de la ventanilla preguntó al padre cuantas entradas quería, él respondió con orgullo: "Por favor, deme ocho entradas para menores y dos de adultos para que mi familia entre al circo". La empleada le indicó el precio, la mujer soltó la mano de su marido, ladeó su cabeza y el labio del hombre empezó a torcerse. Este se acercó un poco más y preguntó: "¿Cuánto dijo que era?". La empleada volvió a mencionar el precio. ¿Cómo iba a darse la vuelta y decirles a sus ocho hijos que no tenía suficiente dinero para llevarlos al circo? Viendo lo que pasaba, Papá puso la mano en el bolsillo, sacó un billete de 20 dólares y lo tiró al suelo. ¡Nosotros no éramos ricos en absoluto! Mi padre se agachó, recogió el billete, palmeó al hombre en el hombro y le dijo: "Disculpe señor, se le cayó esto del bolsillo"; el hombre se dio cuenta de lo que pasaba, no había pedido limosna pero sin duda había apreciado la ayuda en una situación desesperada, angustiosa e incómoda, miró a mis padres directamente a los ojos, con sus dos manos les tomó las suyas, apretó el billete de 20 dólares y con labios trémulos y una lágrima rodándole por la mejilla replicó: "Muchas gracias, gracias señor, esto significa realmente mucho para mí y para mi familia". Papá y yo volvimos a nuestro auto y regresamos a casa. Esa noche no fuimos al circo, pero no nos fuimos sin nada.

Nos sorprenderemos de lo fácil que empieza a ser nuestra vida también, gracias a los demás. Me gusta creerlo, me gusta vivirlo. ¿A ustedes no?

48

NO HAY FUTURO SIN PERDÓN

El perdón nos hace superiores a los que nos injurian.
NAPOLEÓN BONAPARTE

En unos instantes cambió la vida de un hombre en mi país, cuando un acontecimiento muy triste lo dejó sin familia de la noche a la mañana. Su esposa y dos de sus tres hijos murieron en un atentado donde además, y producto de ese mismo hecho, su único hijo días después murió en el hospital. El hombre quedó solo y al borde del suicidio. Pero lo interesante es que, al enterrar a su hijo, él expresó que perdonaba a quienes habían perpetrado ese horrible hecho. Esta actitud me hace reflexionar mucho porque estoy segura de que es y será una de las grandes lecciones de vida que podemos recibir.

No me atrevo ni a imaginar el tremendo dolor de esta persona al perderlo todo, porque no se trató de su taxi (su vehículo de trabajo), ni de su casa, ni de ninguna otra cosa material; fue lo más importante: su familia entera, su elección de vida, su contención, su consuelo, su alegría, su distracción y el motivo de aquello que cada mañana nos impulsa y nos mueve a ir por nuestros sueños. Yo diría que se desprenden varias lecciones de este hecho.

En primer lugar, la importancia de aprender a celebrar a cada instante la existencia de los que tanto amamos, de entender que la vida es efímera y por lo tanto deberíamos comprometernos a aprovechar lo más que podamos ese tiempo que esta nos presta y a no desperdiciarlo haciendo caso a nuestros orgullos y caprichos (que a veces nos hacen decir o hacer lo que no queremos), a desbordarnos en caricias y palabras amorosas con ellos haciéndolos partícipes de la gran riqueza que son para nosotros. No sabemos cuánto tiempo estarán embelleciendo nuestro camino. Hoy los tenemos y, ahora, deberíamos darles tiempo o más bien, darnos tiempo para disfrutarlos. Hay días en los cuales nos urge hacer veinte tareas al mismo tiempo, nuestra mente estalla de pensamientos, de ocupaciones, de preocupaciones, y sin querer dejamos de lado ese amor que nos da las fuerzas para seguir adelante. Esos momentos de felicidad son los que nos llenan el alma y el espíritu.

En segundo lugar, quisiera que podamos pensar, queridos amigos, en lo que significa poner en práctica la capacidad de perdonar. Esta historia que les he contado ha tocado mi corazón y me ha movilizado de una manera extraordinaria. ¿Cómo es posible que este señor diga "perdono a quienes mataron a mi familia" y yo siga resentida porque en la primaria una niña, que ni recuerdo su nombre, me empujó? ¿O porque mi hermano no me llevó a la fiesta que tanto quería? ¿O porque el compañero de mi primer trabajo nunca me dio los buenos días o me hacía malas caras la señora de las tortillas? ¡POR-FA-VOR!

Sé que todos, lamentablemente, tenemos en nuestro corazón

muchísimos recuerdos cargados de rencores, de enojos o de tristezas por diferentes razones que creemos que tienen el peso suficiente como para no soltarlas fácilmente; incluso, a muchas de ellas nos aferramos con tanta pasión que sería maravilloso que con la misma persistencia emprendiéramos nuestros sueños, nuestras acciones positivas en la vida y la tarea de mejorarnos a nosotros mismos.

....

No existe una venganza tan completa como el perdón.[57]

....

¿Hay algo de lo que yo me atreva a decir que es "imperdonable" después de escuchar este "los perdono"? No, no lo hay. Y no por justificar una acción y decir que, como todo se perdona, pues tolero esta o aquella situación. Que nadie se confunda. Una cosa es perdonar y otra es tomar a la ligera aquel hecho o aquella persona que nos ha hecho tanto daño. Sin embargo, soltar a aquel que nos ha lastimado nos liberará de una carga, de una mochila, que al único que perjudica es a uno mismo.

El actor norteamericano John Barrymore dijo: "Un hombre no es viejo hasta que los remordimientos toman el lugar de los sueños".

Perdonar no es perder la memoria, sino soltar el pasado, el dolor para dejar de mirar hacia atrás y proyectarnos a lo que está por delante. "Si la historia pasada fuera todo lo que importa, las bibliotecarias serían las únicas personas de éxito en el mundo".[58] Tal vez consideremos que el otro no merece nuestro

---

57. Frase de *Josh Billings*.
58. John Mason, *La Imitación es Limitación*, Editorial Caribe Betania, 2005.

perdón, pero no nos sirve a nosotros que ese dolor quede arraigado en lo más íntimo de nuestro ser. Cada vez que decidimos y elegimos perdonar, estamos llenando nuestra vida de paz, de amor y de posibilidades. Tal vez pensemos que el otro no merezca nuestro perdón, o estemos esperando que sea él o ella quien venga a disculparse pero, como dice un proverbio judío, "si nos quejamos el tiempo suficiente para que nos den la razón, entonces estaremos en un error". Cuando decidimos perdonar, estamos soltando vida para nuestra vida. Por eso, yo no sé si el otro lo merece o no pero sí estoy segura de que tanto ustedes como yo nos merecemos vivir en libertad, sin llevar ninguna mochila a cuestas.

Perdonar no es una acción a favor del otro, no es un favor que le hacemos a quien nos hizo algún daño... ¡No!

Perdonar es la acción por la cual nos liberamos nosotros mismos de los sentimientos más destructivos y enraizados que podemos tener, nos liberamos de estar llevando a cuestas una de las cargas más grandes que existen: el rencor, el odio. Nos liberamos de estar peleando con la vida, y muchas veces con Dios, lo que nos hace ver todo a través del cristal de la amargura. El perdón es un acto de amor hacia nosotros mismos.

No crean que con esto ya estoy libre y tranquila, al contrario, me he inquietado de ver la cantidad de razones absurdas por las cuales en algunos rincones de mi corazón aún existen viejos y empolvados rencores. Y sí, quiero y deseo despojarme de todos ellos porque veo que quien sigue enrollada en ellos soy solo yo. Y a medida que voy creciendo me doy cuenta de que no tengo el derecho de enojarme por pequeñeces cuando gozo de tantas bendiciones y, sobre todo, cuando cuento con grandes maestros (que a lo mejor ni sabrán que lo fueron), como este taxista que me ha invitado, sin saberlo, a revisar profundamente mis "perdones pendientes" y a darles, ¡por fin!, un cierre definitivo.

Solo cuando estemos dispuestos a realizar este acto de perdonar, estaremos listos para decir: "He cerrado la puerta del ayer y he tirado la llave, no le temo al mañana, porque he encontrado el hoy".[59]

El escritor Edmund Burke dijo: "El pasado debería ser un trampolín y no una hamaca". Si el ayer, si el dolor que sienten es más grande que su hoy, es que necesitan queridos amigos, soltar aquello que los amarra a la tristeza, a la melancolía o al enojo contenido. Nuestra vida es demasiado valiosa y preciosa para que la dejemos pasar. Dice la Biblia que todas las cosas que nos suceden nos ayudan para bien. ¿Qué quiere decir esto? Que aun de las circunstancias más difíciles que hayamos vivido aprenderemos algo, seremos capaces de crecer y saldremos más fortalecidos. No permitamos que el dolor nos limite y nos robe nuestros sueños y nuestro presente.

....

Perdonar no cambia el pasado, pero agranda el futuro.[60]

....

Siempre se puede perdonar. Lawrence Sterne escribió: "Solo los valientes saben perdonar... un cobarde nunca perdona, no es parte de su naturaleza". Richard Nixon dijo: "Los que odian no ganan, a menos que usted los odie a ellos, y entonces usted se

---

59. Frase de *Vivian Laramore Rader*.
60. Idem 57.

destruye a sí mismo". ¿Por qué? *Porque la falta de perdón bloquea las bendiciones; el perdón deja que fluyan.*[61]

Siempre hay algo que puede sorprendernos mucho más y nosotros podemos ser ese algo.

---

61.   Idem 57.

49

¿DEMASIADO TARDE?

Carpe diem.

HORACIO

En Estados Unidos la celebración más importante para los nortea-
mericanos es el "Thanksgiving" o el "Día de Acción de Gracias",
muchos incluso la consideran mayor que Navidad y Año Nuevo.
Coincidió con un viaje que realicé para atender algunos asuntos
y me entusiasmaba la idea de poder pasar esta festividad junto a
mis hermanos que viven en ese país.

Nos tocó llevar las galletas para el postre, mi hermana Gaby es
famosa por sus deliciosas galletas de chocolate, así que colaboré
también en la elaboración de estas. Por la noche acudiríamos a
una reunión en casa de unos amigos donde varias familias latinas
decidieron darse cita para celebrar juntas.

Desde el primer instante en que entré en la casa de estos amigos, músicos por cierto, se respiraba un ambiente de alegría y

fiesta. Abrazos por aquí, besos por allá, bromas, sonrisas, carcajadas (a las cuales me uní sin problema alguno, como se imaginarán) y, por supuesto, toda la intención de compartir una velada muy especial. Un grupo heterogéneo de nacionalidades: venezolanos, colombianos, cubanos y guatemaltecos nos reunimos en la mesa para dar gracias y disfrutar de la celebración.

No describiré segundo a segundo la velada, tan solo la lección de vida que recogí en ese lugar aquel día. Con la alegría y buena hospitalidad de los anfitriones venezolanos, sumado al hecho de que cada familia allí representada tenía por lo menos a un músico entre sus miembros, no podía faltar el momento en que las guitarras, los bajos, las percusiones, las buenas voces y demás hicieran su aparición espontánea. Tan maravillosa música nos invitó a todos a cantar y a disfrutar de las melodías de los diferentes países: Venezuela, Alma Llanera, Guantanamera, Luna de Xelajú y otras más se entonaron acompañadas por manos de todos estos países. Un collage exquisito de talento, amistad y alegría. Disfruté profundamente la noche.

No estaba con mis hijas ni mi esposo, no estaba en mi país que tanto amo, me encontraba en una casa extraña con gente que yo no conocía (con excepción de mis hermanos), conviviendo con culturas que son ajenas a la mía, en una festividad que no es propia y me di cuenta de que eso era todo lo que tenía allí: la oportunidad de disfrutar y entregarme al momento.

Una noche antes de regresar a mi tierra, al recordar esos momentos pensé: "Qué bien la pasé... no puedo decir que me habría gustado disfrutarlo más, porque lo viví intensamente". Entonces me puse a meditar en todos esos momentos en los que solemos mirar hacia atrás y decimos: "Si hubiera cantado, o me hubiera atrevido a hablar, o hubiera bailado, o me hubiera acercado a darle un abrazo o un beso... si hubiera... si hubiera...".

Cuando llegamos al punto de recurrir a esta frase (tan repetida por cierto) y a este deseo que involucra el tener la posibilidad de haber actuado de manera diferente en el pasado, es porque por lo general ya es demasiado tarde. Es porque dejamos escapar un momento único, con otra u otras personas quizás, que jamás volverá por mucho que lo deseemos.

Pensé en tantas veces que uno sueña con tener momentos memorables y prepara el corazón para atesorarlos, y también en tantas veces que, por estar procurando el momento perfecto y el recuerdo ideal, nos perdemos de la riqueza, la simplicidad y la magia del presente que, como suelo decir, es lo único que tenemos. Pero claro, a todos los seres humanos, y a nuestra mente en especial, nos encanta dar un buen paseo por el pasado y por el futuro.

Me ha ocurrido eso de desconectarme del ahora y he usado el "si hubiera" muchísimas veces. Más de las que me gustaría contar, debo confesar. Pero esto de la vida sigue siendo un camino. Un camino que a cada paso, por muy simple que el panorama se muestre, contiene cientos de oportunidades para que nos demos cuenta de que eso que estamos viviendo tiene todos los ingredientes necesarios para disfrutar el momento. ¿Por qué no lo hacemos entonces?, me pregunto.

Cuando decimos: "Me habría gustado disfrutar más", ya es demasiado tarde porque es imposible volver el tiempo atrás y estar nuevamente con aquellos que partieron antes que nosotros, al menos aquí en la tierra.

Por eso, y porque la felicidad se esconde en la capacidad de disfrutar y atrapar el momento presente, no esperemos a decirlo sino ¡aprovechemos al máximo cada instante que la vida nos regala!
¡Carpe diem![62]

---

62.   *Carpe diem* es una locución latina que literalmente significa ‹toma el día›, que quiere decir ‹aprovecha el momento›, en el sentido de no malgastarlo. Fue acuñada por el poeta romano Horacio (Odas, I, 11).

50

LO QUE SE VA Y LO QUE SE QUEDA... ¡GRACIAS!

Solo un exceso es recomendable en el mundo: el exceso de gratitud.
JEAN DE LA BRUYERE

Quiero llamar su atención sobre algo que, me parece, vale la pena. Creo que es casi psicológico esto del año que se acaba. Llegamos al final del año y sentimos que nos quedamos sin energía, que no tenemos fuerzas para terminarlo; sin embargo, algo dentro de nosotros sabe que el primer lunes del año próximo tendremos las energías renovadas, el ánimo y las ganas de hacer lo que en estos últimos días nos cuesta tanto. Es como si mágicamente, de un día para otro, dejamos de estar cansados, nos volvemos totalmente diferentes y lo que era "el peor día de nuestra vida" ya no resulta ser tan serio, ni tan crítico, ni tan caótico como pensábamos que era.

¿Será cierto todo esto o será un simple producto de nuestra imaginación? Al fin y al cabo son solo días, al igual que sus antecesores de 24 horas; uno tras otro y no hay mayor cambio que el que le imprimimos con nuestra actitud, gracias a la conciencia individual y colectiva de que ingresamos en un nuevo ciclo.

Esta estructura mental nos permite plantearnos plazos, planear nuevas actividades y evaluar nuestra vida para entender hacia dónde queremos dirigirnos y cómo hemos procedido durante un período de tiempo determinado. Gracias a Dios tenemos esos inicios y esos finales mentales, que no solo se dan a fin de año sino en cada cumpleaños, cuando dejamos un trabajo, cuando terminamos una relación, cuando un hijo se casa o se va a vivir solo, cuando un proyecto termina. Se trata de ciclos que nos dejan la posibilidad de escribir algo diferente y nuevo en nuestra historia. Es pensar hacia dónde estamos yendo, hacia dónde nos estamos enfocando, qué queremos para nuestra vida; porque de nada nos serviría que esta siga y siga para darnos cuenta al final de que no la hemos aprovechado al ciento por ciento.

Aunque físicamente no exista mayor diferencia entre el último día de un determinado año y el primero del próximo, más que el movimiento estelar por el cual sabemos que avanzamos en el tiempo, estoy convencida de que esos finales y esos principios nos sirven en gran manera. Yo voto porque aprovechemos estos ciclos mucho más que solo para celebrar y los utilicemos para plantearnos los pasos firmes del futuro que tanto soñamos.

Amigos, deseo de todo corazón que tengamos la fuerza, la voluntad, la perseverancia, el amor y la pasión para poder construir firmemente las escalinatas que nos conduzcan a la conquista de todos nuestros sueños.

Cada día cuenta y hace la diferencia si nosotros lo pintamos del color que deseamos realmente, pero es muy importante ser conscientes de que somos nosotros los pintores de cada instante de nuestra vida. Muchas veces creemos que somos víctimas de todo el mundo y todas las circunstancias, que solamente nos adaptamos o reaccionamos a todo lo que sucede alrededor, pero es muy pobre decidir vivir la vida de esa manera, ¿no creen? Es necesario tomar las riendas de nuestra vida al 100% con la certeza de que nosotros construimos lo que somos, cada instante, con cada respiración, con cada pensamiento; así que más nos vale que esos pensamientos sean los mejores para lograr nuestra felicidad y nuestra realización.

Sea lo que sea que nos planteemos para cada año que comienza, seamos felices en aquello que anhelamos alcanzar, brillemos en esa meta y miremos siempre hacia adelante. Descubramos ese gran poder que está en nuestro interior para realizar lo que queramos, sí... ¡lo que queramos! Es mi anhelo que encontremos ese algo que nos inspira, que nos motiva, que nos invita a hacer cosas extraordinarias y nos permite sentirnos orgullosos de nosotros mismos. Deseo que tengamos muy claras nuestras prioridades y sepamos trabajar por ellas. Deseo que siempre busquemos rodearnos de las personas que sumen en nuestras vidas y que nosotros podamos sumar en la vida de los demás. Deseo que hagamos uso de toda nuestra fuerza y toda nuestra sabiduría para enfrentar las situaciones que se nos presenten, recordando que aquellas que más nos cuestan manejar son las que más nos enseñan y nos fortalecen.

Permitamos que los demás sean nuestros maestros, cualquier persona que se cruza en nuestra vida tiene la misión (aunque ella no lo sepa) de enseñarnos algo. Asimismo sepamos ser, humildemente, buenos maestros de los demás. En fin, deseo que cada año que comienza, cada ciclo que iniciamos, en el momento que sea, represente un trayecto mágico, feliz, satisfactorio, maravilloso y lleno de cosas buenas para todos nosotros.

Y por supuesto, nunca nos olvidemos de agradecer por lo que ha pasado, aunque no nos haya gustado o nos haya dolido. Es muy probable que no entendamos aún por qué sucedió tal o cual cosa, pero tarde o temprano entenderemos que fue para nuestro bien, que *lo que no nos destruye, nos fortalece*. Y eso, sin duda, es algo para agradecer. Agradezcamos por aquellos con quienes compartimos experiencias, o por aquellos de quienes aprendimos algo. El hecho de haber dejado nuestra huella, nuestra impronta en el pasado tiene que ver con nuestro presente, nos ubica precisamente en este instante que hoy vivimos y abre ante nosotros todas aquellas nuevas oportunidades que nos esperan. Y eso también se agradece.

¡Seguimos vivos, amigos, lo cual es una gran responsabilidad, hagamos que cuente! Ustedes pueden decidir que cada nuevo comienzo sea el mejor día de sus vidas. Creo que leer con el corazón y con el alma las palabras de esta canción de Juan Manuel Serrat nos puede ayudar a revivir cada sueño que haya quedado en un cajón:

Hoy puede ser un gran día,
plantéatelo así,
aprovecharlo o que pase de largo,
depende en parte de ti.

Dale el día libre a la experiencia
para comenzar,
y recíbelo como si fuera
fiesta de guardar.

No consientas que se esfume,
asómate y consume
la vida a granel.
Hoy puede ser un gran día,
duro con él.

Hoy puede ser un gran día
donde todo está por descubrir,
si lo empleas como el último
que te toca vivir.

Saca de paseo a tus instintos
y ventílalos al sol
y no dosifiques los placeres;
si puedes, derróchalos.

Si la rutina te aplasta,
dile que ya basta
de mediocridad.
Hoy puede ser un gran día
date una oportunidad.

Hoy puede ser un gran día
imposible de recuperar,
un ejemplar único,
no lo dejes escapar.

Que todo cuanto te rodea
lo han puesto para ti.
No lo mires desde la ventana
y siéntate al festín.

Pelea por lo que quieres
y no desesperes
si algo no anda bien.
Hoy puede ser un gran día
y mañana también.

Hoy puede ser un gran día
duro, duro,
duro con él.[63]

Con todo el corazón, cada día que comienza, digamos: ¡gracias!

---

63.   Joan Manuel Serrat, autor de *Hoy puede ser un gran día.*

Y así llegamos al final de mi primer libro... ¡un sueño cumplido!

Estoy segura de que antes de conocer el mar, lo vieron en fotos, en pinturas, en videos, ¿cierto? Y seguramente en su primer viaje a conocerlo, alguien les contó su versión de la inmensidad del mismo. Pero hasta que uno no lo ve con sus propios ojos, no entiende al 100% la magnitud de su grandeza. Y me parece que Él (Dios, Yahveh, Alá, La Energía Universal, no importa cómo le llamemos) hace lo mismo: espera pacientemente que nosotros logremos encontrar el camino que nos permita ver, con nuestros propios ojos del corazón, lo inmensos y majestuosos que somos para que así ya no nos dejemos engañar por lo que otros pintan o dicen de nuestro mar.

Mis grandes maestras (hoy de 4 y 2 añotes) se frustran muy seguido por emprender una tarea como patinar, andar en bicicleta y pedalear alternativamente, colorear un dibujo sin salirse de los bordes, enhebrar cuentas para hacer un collar, hacer una culebrita de plastilina o perseguir arvejas con el tenedor por todo el plato, entre otras hazañas de ese calibre. Y cuando las veo llorar por sentirse incapaces, las abrazo fuerte y por dentro me muero de ganas de decirles: "Mi amor, pero si en unos años entenderás lo capaz que has sido siempre para resolver esos 'grandes problemas' y muchos otros; solo tienes que intentarlo de nuevo y practicar muchas más veces para que sean 'pan comido' para ti". Estoy segura de que Dios, como buen Papá que es, desea decirnos lo mismo.

Me encantaría poder extraer la lección de cada uno de mis días. Sé, con certeza, que todos los días aprendemos algo: de nosotros, de cómo se mueve el mundo, de lo que nos da (o no) la vida, de lo que los pequeños nos enseñan, de lo que la naturaleza nos ofrece para aprender, de lo que nuestro propio cuerpo tiene para mostrarnos.

Así que, para finalizar esta recopilación de pensamientos:

Deseo que seamos lo suficientemente humildes para aprender de todos y de todo, aunque parezca que no tuvieran nada que ofrecernos.

Deseo que recordemos siempre que nuestro concepto de nosotros mismos es microscópico, comparado con lo que somos, según lo dispuso Aquel que nos creó.

Deseo que nos demos el permiso para disfrutar de la vida y todo lo que esta tiene para ofrecernos, simplemente "porque sí", y aprendamos a sentirnos dichosos de lo que tenemos (y hasta de lo que no tenemos) porque eso es todo lo que necesitamos para poder ser felices.

Deseo que entendamos que las mayores bendiciones, a veces, vienen envueltas en un papel de regalo llamado "problemas" u "obstáculos" y siempre traen una hermosa moña llamada "oportunidad", no la tiremos a la basura.

Deseo que siempre tengamos muy claro que muchas cosas nos pueden pertenecer y no al revés. Y que esas cosas no nos hacen "ser" más, solo nos hacen "tener" más, que no tiene nada de malo si sabemos cuál es la diferencia.

Deseo que riamos más, mucho más, y a carcajada suelta ¡hasta que nos duela la panza!

Deseo que tengamos siempre presente que somos nosotros los que decidimos cómo vivir nuestra vida, por lo tanto, entender que el departamento de quejas está aquí, dentro de nosotros.

Deseo que nos adueñemos de nuestra paz, de nuestras emociones, de nuestros pensamientos, de nuestras actitudes y de nuestros actos. Aunque nos encante "echarle el muerto" a alguien más, son solo nuestros.

Deseo de verdad y de todo corazón que todos decidamos dejar el "blanco y negro" de lado, para regocijarnos de "Vivir a colores".

Gracias por ser mis compañeros de viaje, los quiero mucho. ¡Hasta siempre!

Les pido un solo favor: sigamos en contacto, sigamos aprendiendo y compartiendo. La gran ventaja de estos tiempos es que la tecnología puede trabajar a nuestro favor y será un verdadero gusto conocer sus impresiones y sus reflexiones sobre lo que van leyendo. Podemos seguir en contacto a través de:

* twitter (@TutiFurlan),
* facebook (/TutiFurlan) y
* google+ (+TutiFurlan).

Bibliografía

Arandes Nick; *Lo que pasa cuando dejas ir*, EEUU: Sednara, 2008.

Hay Louise L.; *Gratitud*, (con la colaboración de sus amigos), Editorial Urano, 1997.

La Biblia; Traducción en Lenguaje Actual.

Lechter Sharon L. y Reid Greg S.; *Nunca te Des por Vencido*, Editorial Grijalbo, 2010.

Mason John; *La Imitación es Limitación*, Editorial Caribe, 2005.

Maxwell John C.; *Lo que Marca La Diferencia*, Editorial Grupo Nelson, 2006.

Maxwell John C.; *¡Vive tu Sueño!*, Ediciones Grupo Nelson, 2009.

Niven David, Ph. D.; *Los 100 secretos de la gente feliz*, Grupo Editorial Norma, 2003.

Riso Walter; *El camino de los sabios*, Colombia, Editorial Norma.

Ruiz Diana; *Y Dios responde a cartas de mujeres*, Colección: Diana Solís de Ritz Editorial: Nacco Nacional Consignacion.

The Megiddo Message; Revista bimensual inspiracional.

Thomson Peter; *Los secretos de la comunicación*; Ediciones Granica, 2008.

Vincent Peale Norman; *Los Asombrosos Resultados de Pensar Positivo"*, Editorial Hojas del Sur, 2011.

Vincent Peale Norman; *The Power of the Plus Factor*, New York: Ballantine, 1996.

Ziglar Zig; *Actitud de Vuelo*, Editorial Peniel, 2006.

Esperamos que este libro
haya sido de su agrado.
Para información o comentarios,
contáctenos en la dirección
que aparece debajo.

Muchas gracias.

HOJAS DEL SUR

www.hojasdelsur.com